성철스님의
돈황본 육조단경(敦煌本 六祖壇經)

성철스님의
돈황본 육조단경(敦煌本 六祖壇經)

장경각

책머리에

　조계육조(曹溪六祖) 이후 선(禪)은 천하를 풍미(風靡)하여 당·송·원·명 시대에 불교가 꽃을 피우게 한 핵심적 역할을 하였다. 그러나 오랜 세월이 흐름에 따라 육조 본연의 종지가 많이 변하여 육조의 정통사상을 찾아보기 힘들게 되었다.
　대저 육조의 종지는 육조가 항상 주창한 "오직 돈법만을 전한다[唯傳頓法]."고 하는 것으로, 점문(漸門)은 일체 용납하지 않는 것이다. 그러나 중간에 교가(敎家)의 점수사상(漸修思想)이 혼입되어 선문(禪門)이 교가화됨으로써 순수선(純粹禪)은 없는 실정이다.
　『단경』은 육조의 법문을 전한 유일한 자료이나, 그 유통 과정에서 첨삭(添削)이 많아 학자들을 곤혹케 하였다. 다행히도 최고본(最古本)인 『돈황본 단경』은 천여 년 동안 석굴에 비장되어 뒷사람들의 첨삭을 면할 수 있었으므로, 육조의 성의(聖意)를 잘 전하고 있는 것으로 여겨진다.

그 가운데서 오락(誤落)된 부분은 각 유통본을 참조하여 엄정교정(嚴正校訂)하고 사의(私意)는 개입시키지 않았으며, 토를 달고 번역을 하였다. 그리고 약해(略解)를 붙여서 성의 파악에 도움이 될까 생각하니, 권두(卷頭)의 지침과 함께 읽기 바란다.

『선교결』은 서산(西山) 만년(晚年)의 명저(名著)로써 『단경』 이해에 도움이 되겠기에 더불어 실으니, 참학고류(參學高流)는 『단경』을 근본삼아 육조정법을 선양하기 바란다.

불기 2531(1988)년 가을
가야산 해인사 퇴설당에서
퇴옹 성철 씀

차례

책머리에 … 4
일러두기 … 9

제1편 단경지침(壇經指針) … 11

머리말 … 13
1. 식심견성(識心見性, 마음을 알아 성품을 봄) … 15
2. 내외명철(內外明徹, 안팎이 사무쳐 밝음) … 21
3. 유전돈법(唯傳頓法, 오직 돈법만을 전함) … 27
4. 무념위종(無念爲宗, 무념으로 종을 삼음) … 38
5. 정혜체일(定慧體一, 정과 혜는 한 몸) … 46
6. 무생서방(無生西方, 남이 없는 서방극락) … 52
7. 불오염수(不汚染修, 물듦이 없는 닦음) … 55
8. 불보리인(佛菩提因, 부처님 깨달음의 씨앗) … 57

제2편 돈황본단경 편역(敦煌本壇經 編譯)　　… 61

   1. 서언(序言)　　… 63

   2. 심사(尋師, 스승을 찾아감)　　… 65

   3. 명게(命偈, 게송을 지으라 이르심)　　… 69

   4. 신수(神秀)　　… 72

   5. 정게(呈偈, 게송을 바침)　　… 77

   6. 수법(受法, 법을 받음)　　… 81

   7. 정혜(定慧)　　… 85

   8. 무념(無念, 생각 없음)　　… 90

   9. 좌선(坐禪)　　… 95

   10. 삼신(三身, 세 몸)　　… 99

   11. 사원(四願, 네 가지 원)　　… 105

   12. 참회(懺悔)　　… 108

   13. 삼귀(三歸, 삼귀의)　　… 110

   14. 성공(性空, 성품이 빔)　　… 113

   15. 반야(般若)　　… 116

   16. 근기(根機)　　… 120

   17. 견성(見性, 성품을 봄)　　… 124

   18. 돈오(頓悟, 단박에 깨침)　　… 126

19. 멸죄(滅罪, 죄를 없앰) … 131

20. 공덕(功德) … 135

21. 서방(西方, 서방극락) … 139

22. 수행(修行) … 145

23. 행화(行化, 교화를 행하심) … 151

24. 돈수(頓修, 단박에 닦음) … 154

25. 불행(佛行, 부처님의 행) … 160

26. 참청(參請, 예배하고 법을 물음) … 166

27. 대법(對法, 상대 법) … 170

28. 진가(眞假, 참됨과 거짓) … 177

29. 전게(傳偈, 게송을 전함) … 182

30. 전통(傳統, 법을 전한 계통) … 187

31. 진불(眞佛, 참 부처) … 190

32. 멸도(滅度) … 196

33. 후기(後記) … 199

제3편 선교결(禪敎訣) … 203

찾아보기 … 215

【 일러두기 】

※ ▽ 는 제1편 단경 지침과 제2편 돈황본단경 편역에서 원문과 원문 번역을 말한다.

※ ○는 제1편에서는 엮은이의 평석(評釋)을, 제2편과 제3편 선교결에서는 약해(略解)를 말한다.

※ 제1편과 제2편에서, 보기를 들어 性(姓)은 원문의 姓자를 性자로 바로잡은 것이고, 〔心〕은 원문에는 心자가 빠진 것을 보충해 넣은 것이며, 「頓漸」은 원문의 頓漸을 삭제해야 할 것으로 부호를 일치시켰다.

※ 제1편에서 원문 끝의 敦·大·興·德·宗은 각각 돈황본·대승사본·홍성사본·덕이본·종보본을, 끝에 표시된 숫자는 『혜능연구(구마자와대학 선종사연구회 1978년 간행)』의 면(面) 수를 말한다.

※ 제2편에서는, 독자의 이해를 돕기 위하여, 임의로 제목을 붙이고 단락을 나누었다.

제1편

단경지침(壇經指針)

머리말

『단경(壇經)』은 육조(六祖)의 법손인 동토(東土) 선종의 근본이 되는 성전(聖典)이다. 『단경』은 전래되는 과정에서 다른 본(本)이 많이 나와 학자들을 곤혹케 하였으나, 돈황고본(敦煌古本)이 발견되어 천고의 의심이 해결되었다고들 말한다.

그리하여 근래 일본의 구마자와대학(駒澤大學) 선종사연구회(禪宗史研究會)에서는 그 중 기본이 되는 다섯 본을 서로 대조하여 『혜능연구(慧能研究)』라는 책을 발간함으로써 단경 연구에 공헌하였다.

다섯 본은 돈황본(敦煌本), 대승사본(大乘寺本), 흥성사본(興聖寺本), 덕이본(德異本), 종보본(宗寶本)이다. 또한 열두 종류의 다른 판(版)들을 영인 수록한 『육조단경제본집성(六祖壇經諸本集成)』도 좋은 자료이다. 이에 가장 오래된 돈황본을 중심으로 네 본을 서로 대조하고 다른 여러 본을 참고하여 '단경지침(壇經指針)'을 작성하여 보았다.

돈황본은 베껴 쓸 때 부주의하여 글자를 잘못 쓰거나 빠뜨린 것이 많으나 다른 본들을 참조하면 성의(聖意)를 파악하는 데 별로 지장이 없다. 각 본의 자구(字句) 차이는 대강의 뜻만 취하고 하나하나 지적하지 않았으니 양해하기 바란다.

　『단경』의 근본 사상은 식심견성(識心見性, 마음을 알아 성품을 봄)이요, 식심견성은 법신불(法身佛)인 내외명철(內外明徹, 안팎이 사무쳐 밝음)이어서 견성(見性, 성품을 봄)이 곧 성불(成佛, 부처를 이룸)이므로, 깨달은 뒤(悟後)에는 부처님 행을 수행한다(修行佛行)고 분명히 하였다. 뒷날 교가(敎家)의 점수사상(漸修思想)이 섞여 들어와 오후점수론(悟後漸修論, 깨친 뒤 점차로 닦는다는 이론)이 성행하나, 이는 『단경』에 크게 어긋나는 것이니, 육조대사의 법손인 선가(禪家)는 『단경』으로 되돌아와 육조대사 본연의 종풍을 떨치기 바란다.

1. 식심견성(識心見性)
– 마음을 알아 성품을 봄

▼ 一切萬法이 盡在自身心中이어늘 何不從於自心하야 頓現眞如本性(姓)고 菩薩戒經에 云 我本源(願)自性이 淸淨이라 하니 識心見性하면 自成佛道라 卽時豁然하야 還得本心이로다 [敦 316]

모든 법이 모두 자신의 마음 가운데 있거늘, 어찌 자기의 마음을 따라서 진여의 본성을 단박에 나타내지 못하는가? 『보살계경』에서 "나의 본래 근원인 자성이 맑고 깨끗하다."고 하였으니, 식심견성(識心見性, 마음을 알아 성품을 봄)하면 스스로 부처님 도를 성취하는 것이니 곧 활연히 깨쳐서 본래 마음을 도로 찾느니라.

▼ 萬法이 盡在自心이어늘 何不從自心中하야 頓見眞如本性고 菩薩戒經에 云 我本源自性이 淸淨이라 하니 識心見性하면 皆成佛道라 卽時豁然하야 還得本心이로다 [大·興·德·宗 316]

만법이 모두 자기의 마음 가운데 있거늘 어찌 자기의 마음 가운데에서 진여의 본래 성품을 단박에 보지 못하는가?『보살계경』에서 말하기를, "나의 본래 근원인 자성이 맑고 깨끗하다."고 하였으니, 식심견성하면 다 부처님 도를 성취하는 것이니 곧 활연히 깨쳐서 본래 마음을 도로 찾느니라.

○ 앞의 인용문은 돈황본이요, 뒤의 인용문은 대승사본·홍성사본·덕이본·종조본이니, 돈황본을 중심으로 하여 네 본을 참조하였다. 네 본이 더러 자구의 차이는 있으나 그 근본 뜻은 같다. '자성청정(自性淸淨, 자성이 맑고 깨끗함)'은『보살계경』의 말씀이요, '식심견성'은 육조의 말씀이요, '즉시활연(卽時豁然, 즉시에 탁 트이어 깨침)'은『유마경』의 말씀이다. 두 경의 글을 인용하여 육조 자신의 법문인 '마음을 알아 성품을 보면 스스로 부처님 도를 성취한다〔識心見性 自成佛道〕'함을 강조한 것이다.

▼ 三世諸佛과 十二部經이 云在人性中하야 本自具有어늘 不能自性悟어든 須得善知識示導(道)하야 見性이니라 [敦 317]

삼세의 모든 부처님과 십이부의 경전들이 사람의 성품 가운데 있어서 본래부터 갖추어져 있다고 말하니, 자기의 성품을 깨치지 못하였다면 반드시 선지식의 지도를 받아서 성품을 볼지니라.

▼ 三世諸佛과 十二部經이 在人性中하야 本自具有어늘 不能自悟어든 求善知識示導하야 方見이니라 [大·興·德·宗 317]

삼세의 모든 부처님과 십이부의 경전들이 사람의 성품 가운데에 있어서 본래부터 갖추어져 있으므로 능히 스스로 깨치지 못하였다면 선지식의 지도를 받아 바야흐로 성품을 볼지니라.

○ 스스로 오달(悟達, 깨쳐 통달함)하지 못하면 선지식의 지도가 필요하다.

▼ 各自觀心하야 令自本性을 頓悟하되 若〔不〕能自悟者는 須覓大善知識示導(道)하야 見性이니라 [敦 317]

저마다 스스로 마음을 관찰하여 자기의 본래 성품을 단박에 깨닫게 하되, 만약 능히 스스로 깨치지 못하는 이는 모름지기 큰 선지식을 찾아서 지도를 받아 성품을 볼지니라.

▼ 菩提般若之智는 世人이 本自(白)有之어늘 卽緣心迷하야 不能自(白)悟하니 須求大善知識示導(道)하야 見性이니라 [敦 292]

보리 반야의 지혜는 세상 사람들이 본래 스스로 가졌거늘

다만 마음이 미혹하므로 스스로 깨칠 수 없으니, 반드시 큰
선지식의 지도를 받아 성품을 볼지니라.

▼ 菩提般若之智는 世人이 本自有之어늘 只緣心迷하야 不能
自悟하나니 須求大善知識示導하야 見性이니라 [大·興·德·宗 292]

　보리 반야의 지혜는 세상 사람들이 본래 스스로 가졌거늘
다만 마음이 미혹하므로 스스로 깨칠 수 없으니 반드시 큰 선
지식의 지도를 받아 성품을 볼지니라.

▼ 人性(姓)은 本淨이로되 爲妄念故로 盖覆眞如하니 離妄
念하면 本性(姓)이 淨하니라 [敦 298]

　사람의 성품은 본래 청정하되 망념이 있어서 진여를 덮고
있으니 망념이 없어지면 본래의 성품이 깨끗하니라.

▼ 人性은 本淨이로되 由妄念故로 盖覆眞如하니 但無妄想
하면 性自淸淨이니라 [大·興·德·宗 298]

　사람의 성품은 본래 청정하되 망념이 있어서 진여를 덮고
있으니, 다만 망상이 없으면 본래 성품은 스스로 청정하니라.

　○ 망상이 소멸하면 본래로 청정한 자성이 스스로 드러나니, 이
것이 식심(識心, 마음을 앎)이며 견성이다.

▼ 識自(白)本〔心〕이 是見本性이니라 [敦 295]

　자기의 본래 마음을 아는 것이 본래 성품을 보는 것이니라.

▼ 自識本心하고 自見本性이니라 [大·興·德·宗 295]

　스스로 본래 마음을 알고 스스로 본래 성품을 보느니라.

▼ 不識本心하면 學法無益이니 識心見性(姓)하면 卽悟(吾)大意니라 [敦 284]

　본래 마음을 알지 못하면 불법을 배워도 이로움이 없으니, 마음을 알아 성품을 보면 곧 큰 뜻을 깨치느니라.

　○ '큰 뜻〔大意〕'이란 돈황본 윗글에서 "큰 뜻을 알면 곧 의발을 부촉하리라〔識大意하면 卽付衣鉢하리라〕."고 한 그 '큰 뜻'이다.

▼ 前念이 迷卽凡이요 後念이 悟卽佛이니라 [敦 312]

　앞생각이 미혹하면 곧 범부요, 뒷생각이 깨치면 곧 부처니라.

▼ 前念이 迷卽凡이요 後念이 悟卽佛이니라 [大·德·宗 313]

　앞생각이 미혹하면 곧 범부요, 뒷생각이 깨치면 곧 부처니라.

○ 홍성사본에는 이 구절이 빠지고 없으나 상관은 없다. 이는 돈오견성(頓悟見性, 단박에 깨쳐서 성품을 봄)이 곧 성불임을 말한 것이다.

▼ 自性을 迷하면 佛卽衆生이요 自性을 悟하면 衆生이 卽佛이니라 [敦 315]

자성(자기의 성품)이 미혹하면 부처가 곧 중생이요, 자성을 깨치면 중생이 곧 부처니라.

▼ 自性을 迷하면 卽是衆生이요 離迷卽覺이니 覺卽是佛이니라 [大 315]

자성이 미혹하면 곧 중생이요, 미혹을 떠나면 곧 깨달음이니 깨달으면 곧 부처니라.

▼ 自性을 迷하면 卽是衆生이요 自性을 悟하면 卽是佛이니라 [興·德·宗 325]

자성이 미혹하면 곧 중생이요, 자성을 깨치면 곧 부처니라.

○ '불(佛)'은 구경묘각(究竟妙覺)이며, 십지(十地)·등각(等覺)도 미혹 중생이니, 정오정각(正悟正覺, 바르게 깨치고 바르게 깨달음)이 아니다. 식심견성은 정오정각을 말함이니, 그것은 구경묘각이라야 한다.

2. 내외명철(內外明徹)
  – 안팎이 사무쳐 밝음

▼ 何名淸淨〔法〕身佛고 世人이 性本自淨하야 萬法이 在自性(姓)하니 一切法이 盡在自性하야 自性이 常淸淨하니라 日月이 常明(名)하되 只爲雲盖覆하야 上明(名)下暗하야 不能了見日月星(西)辰이라가 忽遇慧風이 吹散하야 卷盡雲霧하면 萬象森羅가 一時皆現하니라 世人性淨도 猶如淸天하야 惠如日智如月하야 智惠常明(名)이어늘 於外에 着境(看敬)하야 妄念浮雲이 盖覆하야 自性(姓)이 不能明(名)이니라 故遇善知識이 開眞法하고 吹却迷妄하면 內外明(名)徹하야 於自性(姓)中에 萬法이 皆現하야 一切法에 自在性(姓)이 名淸淨法身이니라 [敦 302]

무엇을 청정법신불이라 하는가? 세상 사람의 성품은 본래 스스로 청정하여 만법이 다 자기의 성품 가운데 있으니, 모든 법이 다 자기의 성품에 있어서 자기의 성품은 항상 청정하니라. 해와 달이 항상 밝으나 다만 구름이 덮여서 위는 밝고 아래는 어두워 일월성신(日月星辰)을 뚜렷하게 보지 못하다가, 문득 지혜의 바람이 불어와서 구름과 안개를 말끔히 거두어 버리면 온갖 것이 일시에 모두 나타나느니라. 세상 사람들의 성품이 청정함도 마치 깨끗한 하늘과 같으며 혜(惠)는 해와 같고 지(智)는 달과 같아 지혜가 항상 밝거늘, 밖으로 경계에 집착하여 망념의 뜬구름이 덮여서 자기의 성품이 밝을 수 없느니라. 그러므로 참다운 법을 열어 주시는 선지식을 만나 미망(迷妄)을 없애 버리면 내외명철하여 자기의 성품 가운데 만법이 다 나타나 일체법에 자재하나니, 청정법신이라고 이름하느니라.

▼ 何名淸淨法身고 世人이 性本淸淨하야 萬法이 皆從自性生하나니라 諸法이 在自性中하야 如天常淸하며 如日月이 常明하되 爲浮雲이 蓋覆하야 上明下暗이라가 忽遇風吹하야 衆雲이 散盡하면 上下俱明하야 萬象이 皆現하나니라 世人性의 常浮遊도 如彼雲天하야 亦復如是니라 智如日慧如月하야 智慧常明이어늘 於外에 著境하야 被妄念浮雲이 蓋覆하야 自性이 不得明朗이라가 若遇善知識하야 聞眞法하고 自除迷妄하면 內外明徹하야 於自性中에 萬法이 皆現하나니 見性之人도 亦復如是라 此名淸淨法身佛이니라 [大·興·德·宗 302]

무엇을 청정법신이라 하는가? 세상 사람의 자성이 본래 청정하여 모든 법이 모두 자기의 성품으로부터 나느니라. 모든 법이 자기의 성품 가운데 갖추어 있으니 하늘이 항상 맑음과 같으며, 해와 달이 항상 밝되, 뜬구름이 덮이면 위는 밝고 아래는 어둡다가 문득 바람이 불어 모든 구름이 흩어지면 위아래가 함께 밝아서 모든 모양이 다 나타나는 것과 같으니라. 세상 사람의 성품이 항상 떠돌아다님도 저 구름 낀 하늘 같아서 또한 이와 같으니라. 지(智)는 해와 같고 혜(慧)는 달과 같아 지혜(智慧)가 항상 밝거늘, 밖으로 경계에 집착하여 망념의 뜬구름이 덮여서 자성이 밝고 맑지 못하다가, 만약 선지식을 만나 참된 법을 듣고 미망을 스스로 없앤다면 내외명철하여 자기의 성품 가운데 만법이 모두 나타나나니, 성품을 본 사람도 또한 이와 같으므로 이를 청정법신불이라고 이름하느니라.

○ 만법의 근원인 청정자성(淸淨自性)을 덮은 망념의 뜬구름을 다 흩어 버리면 우주의 위아래와 몸과 마음의 안팎이 확연명철(廓然明徹, 툭 트이어 사무쳐 밝음)하여, 깨끗한 유리병 속에 밝은 달을 담은 것과 같다. 내외명철을 『영락경(瓔珞經)』·『능엄경(楞嚴經)』에서는 구경묘각(究竟妙覺)이라고 하였으며, 육조는 법신불(法身佛)이라고 하였다. 『천태사교의원교장(天台四敎儀圓敎章)』에서는 아래와 같이 자세히 설명하였다.

"미세한 무명(無明)을 나아가 부수고 묘각의 지위에 들어가서 무명의 부모를 영원히 이별하고 구경의 열반산정에 오르니 대열반이라 이름하는지라, 청정법신을 이루어 상적광토(常寂光土, 언제나 고요한 광명 세계)에 사니, 곧 원교불상(圓敎佛相, 원교의 부처님 모습)이니라〔進破微細無明하고 入妙覺位하야 永別無明父母하고 究竟登涅槃

山頂하니라 名大涅槃이라 成淸淨法身하야 居常寂光土하니 卽圓敎佛相 也니라)."

자재보살(自在菩薩)들이 오매일여(寤寐一如, 자나깨나 한결같음)는 되어도 구경묘각을 실증(實證)하지 못하면 '내외명철'의 경지는 되지 못하니, 이는 삼세의 모든 부처님의 극심심처(極甚深處, 지극히 깊고 깊은 곳)이다.

돈황본에는 "견성한 사람도 또한 이와 같다(見性之人도 亦復如是라)."는 구절이 빠졌으나, 망념이 없어져 만법이 모두 나타난 청정법신불이 곧 견성이므로 상관이 없다. 이로써 육조는 견성이 곧 성불임을 분명히 말하였다.

◐ 自性心地를 以智慧觀照하야 內外明(名)徹하면 識自本心하나니 若識本心하면 卽是解脫이요 旣得解脫하면 卽是般若三昧요 悟般若三昧하면 卽是無念이니라 [敦 318]

자기 성품의 심지(心地, 마음자리)를 지혜로 관조(觀照, 비추어 봄)하여 내외명철하면 자기의 본래 마음을 아나니, 만약 본래 마음을 알면 곧 본래 해탈이요 이미 해탈을 얻으면 곧 반야삼매요, 반야삼매를 깨치면 이것이 곧 무념이니라.

◐ 智慧觀照하야 內外明徹하면 識自本心하나니 若識本心하면 卽本解脫이요 若得解脫하면 卽是般若三昧며 卽是無念이니라 [大·興·德·宗 318]

지혜로 관조하여 내외명철하면 자기의 본래 마음을 아나니, 만약 본래 마음을 알면 곧 본래 해탈이요, 만약 해탈을 얻으면 곧 반야삼매며 무념이니라.

○ 앞 항(項)에서는 내외명철이 청정법신불이라 하였고, 이 항에서는 내외명철이 곧 식심(識心, 마음을 앎)·해탈·반야삼매(般若三昧)·무념(無念, 생각 없음)이라고 하였다. 식심은 곧 견성이므로, 견성은 법신불(法身佛)이며 반야삼매며 무념임을 말하여 주고 있다.

▼ 卽得見性하야 入般若三昧니라 [敦 314]

곧 견성을 하여서 반야삼매에 들어가느니라.

○ 견성은 곧 반야삼매임을 말한다.

▼ 於六塵中에 不離不染하야 來去自由가 卽是般若三昧며 自在解脫이니 名無念行이니라 [敦 318]

육진(六塵) 속에서 여의지도 않고 물들지도 않아서 오고 감에 자유로움이 곧 반야삼매며 자재해탈이니, 무념행이라고 이름하느니라.

▼ 於六塵中에 無染無雜하야 來去自由하야 通用無滯가 卽

是般若三昧며 自在解脫이니 名無念行이니라 [大·興·德·宗 318]

　육진 속에서 물들지도 않고 섞이지도 않아서, 가고 옴에 자유로우며 널리 사용하여도 걸림 없음이 곧 반야삼매며 자재해탈이니, 무념행이라고 이름하느니라.

　○ 식심·견성·해탈·무념·반야삼매 등은 모두 법신불이며, 묘각인 내외명철임을 강조하여 말하였다. 이는 견성이 곧 성불이라고 말함이니, 『기신론(起信論)』의 "구경각 즉 견성(究竟覺卽見性)"과 같은 말이다. 육조는 "견성이 곧 성불"임을 이렇게 소상하고 정확하게 말씀하였으므로, 견성하여 점수(漸修, 점차로 닦음)한 뒤에 성불한다는 것은 육조의 정통 사상이 아니니, 이러한 주장은 육조의 정전(正傳)에서 배제되어야 한다.

3. 유전돈법(唯傳頓法)
   – 오직 돈법만을 전함

▼ 五祖說金剛經하신대 惠能이 一聞하고 言下에 便悟(伍)하니라 其夜에 受法하니 人盡不知라 便傳頓法과 衣하되 汝爲六代(伐)祖로다 [敦 285]

　오조(五祖)가 『금강경』을 강설하심에 혜능이 한 번 듣고 말 끝에 문득 깨치니라. 그 밤에 법을 받으니 아무도 알지 못하였다. 문득 돈법(頓法)과 가사를 전하며 "너를 육대조(六代祖)로 삼는다."고 하였다.

　○ 이는 오도전법(悟道傳法, 도를 깨치고 법을 전함)을 대강 서술한 것으로 돈법은 돈오법(頓悟法)이라는 말이다.

▼ 言下에 便悟一切萬法이 不離自性하고 某甲이 啓言하되 何期自性이 本自淸淨하며 何期自性이 本不生滅하며 何期自性이 本自具足하며 何期自性이 無動無搖하고 能生萬法이

리오 五祖知悟本性하고 乃報某甲言하되 不識本心하면 學法無益이요 若言下에 自識本心하고 自見本性하면 卽名人天師佛이니라 三更에 受法할새 人盡不知라 便傳心印頓法과 及衣鉢하고 汝爲六代祖라 하니라 [大·興·德·宗 285]

말끝에 모든 법이 자기의 성품을 떠나지 않음을 문득 깨닫고 내가 말씀드렸다.
"어찌 자성이 본래 청정함을 알았으며, 어찌 자성이 본래 생멸 없음을 알았으며, 어찌 자성이 본래 스스로 갖추어져 있음을 알았으며, 어찌 자성이 움직임이 없이 능히 만법을 냄을 알았으리오!"
오조스님은 내가 본래의 성품을 깨쳤음을 아시고 내게 말씀하셨다.
"본래 마음을 알지 못하면 법을 배워도 이익이 없느니라. 만약 말끝에 스스로 본래 마음을 알아 스스로 본래 성품을 보면 곧 '인천의 스승·부처〔人天師佛〕니라."
삼경(三更)에 법을 받으니, 사람들이 다 알지 못하였다. 그리고는 곧 심인(心印)의 돈법과 의발(衣鉢)을 전하고, "너를 육대조사로 삼는다."고 하였느니라.

○ 이는 돈황본보다 상세하다.
대승사본의 "모갑(某甲)"과 "돈법(頓法)"을 다른 본에서는 각각 "혜능(慧能)"과 "돈교(頓敎)"라고 하였다. 돈법은 돈오법문(頓悟法

門)이요, 돈교는 돈오교시(頓悟敎示)이므로, 내용은 동일하다. "하기(何期)" 이하는 깨친 법(悟法)의 내용인데, 오조가 인가(印可)하며 말씀하시기를, 식심견성하면 곧 이름이 '인천의 스승·부처'라고 단언하였다. 그리하여 식심견성하면 불지(佛地, 부처님의 지위)임을 선언하였으며, 지위(地位)와 점차(漸次)를 거치지 않고 한 번 뛰어넘어 여래지(여래의 지위)에 들어가는(一超直入如來地) 돈오법임을 분명히 하였다. 이는 견성하면 내외명철인 묘각불지(妙覺佛地)임을 말한 것이니, 불지가 아닌 삼현(三賢)·십성(十聖)은 모두 견성이 아니라고 한 것이다.

◪ 唯傳頓敎法하야 出世破邪宗이로다 [敦 327]

오직 돈교법만을 전하여 세상에 나와 삿된 종을 부수는도다.

◪ 唯傳見性法하야 出世破邪宗이로다 [大·興·德·宗 327]

오직 견성법만을 전하여 세상에 나와 삿된 종을 부수는도다.

○ 돈황본에는 돈교법(頓敎法)이라 하고 다른 본에는 견성법(見性法)이라고 하였는데, 이는 교가(敎家)의 돈교가 아니요 선문의 '견성돈오교법'을 지칭하는 것이어서, 견성법이 곧 돈교이며 돈교법이 곧 견성법이다. 『단경』에서 많이 언급한 돈교는 견성하는 돈오교시(頓悟敎示)이다.

◤ 大師令傳此頓敎하니 願學之人同一體로다 [敦 320]

대사가 이 돈오교법을 전하니 배우는 사람들은 같은 한 몸이기를 바라노라.

◤ 吾祖唯傳此頓法하니 願學之人同一體로다 [大·興·德·宗 320]

우리 조사가 오직 이 돈법을 전하니 배우는 사람들이 같은 한 몸이기를 바라노라.

○ 조조상전(祖祖相傳, 조사와 조사가 서로 전함)은 견성하는 돈오교법뿐이다.

◤ 此但是頓敎라 亦名爲大乘이니 迷來經累劫이요 悟則刹那間이로다 [敦 329]

이는 다만 돈교라, 또한 대승(大乘)이라 이름하나니, 미혹할 때는 수많은 세월을 지나지만 깨치면 잠깐 사이로다.

◤ 此頌은 是頓敎요 亦名大法船이라 迷聞經累劫이요 悟則刹那間이로다 [興·德·宗 329]

이 게송은 돈오 법문이요 또한 큰 법의 배(大法船)이니, 미혹하여 들으면 수많은 세월을 지나지만 깨치면 잠깐 사이로다.

○ 여러 겁을 잘못 헤매다가도 찰나 사이에 오달하므로 '돈(頓)'이라고 한다. 육조의 법문은 유돈무점(唯頓無漸, 오직 '돈'만 있고 '점'은 없는 것)이어서 돈오하면 곧바로 불지에 들어가(直入佛地) 지위·점차를 없애는 것이 『단경』의 근본 방침이니, 육조는 이를 '직료성불(直了成佛, 당장 성불해 마침)'이라고 표현하였다.

▼ 我於忍和尙處에 一聞하고 言下에 大悟(伍)하야 頓見眞如本性하니 是故로 將此(汝)頓法을 流行後代하야 令(今)學道者로 頓悟菩提케 하야 各自觀心하야 令自本性을 頓悟케 하니라 [敦 318]

나는 오조 인(五祖忍) 화상의 회하에서 한 번 듣고 말끝에 크게 깨쳐 진여의 본래 성품을 단박에 보았다. 그러므로 이 돈법을 뒷날에 널리 퍼지게 하여 도를 배우는 이로 하여금 보리를 돈오케 하여 저마다 스스로 마음을 관찰하여 자기의 본성을 단박에 깨치도록 하는 것이니라.

○ 돈견본성(頓見本性, 본성을 단박에 봄)과 돈오보리(頓悟菩提, 보리를 단박에 깨달음)는 같은 뜻이니, 이것이 육조의 돈교법문이다.

▼ 我於忍和尙處에 一聞하고 言下에 便悟하야 頓見眞如

本性하니 是以로 將此敎法流行하야 令學道者를 頓悟菩提하야 各自觀心하야 自見本性케 하니라 [大·興·德·宗 317]

내가 오조스님 밑에서 한 번 듣고 말끝에 문득 깨쳐 진여의 본래 성품을 단박에 보았으니, 이러므로 이 교법이 널리 퍼져 도를 배우는 이로 하여금 보리를 돈오하여 저마다 스스로 마음을 살펴 자기의 본래 성품을 보게 하느니라.

○ 다섯 본이 표현에 있어 자구의 차이는 조금 있으나, 근본 뜻은 같으므로 상관이 없다.

▼ 法無頓漸이나 人有利鈍하니 迷(明)卽漸契(勸)요 悟人은 頓修니라 識自(白)本〔心〕이 是見本性이니 悟卽元無差別이니라 [敦 295]

법에는 '돈'과 '점'의 구별이 없으나 사람에게는 영리함과 우둔함이 있으니, 미혹하면 차츰차츰 계합하고 깨친 이는 단박에 닦느니라. 자기의 본래 마음을 아는 것이 바로 본래 성품을 보는 것이니, 깨치면 원래로 차별이 없느니라.

○ '明'은 각 본에 '迷'로, '勸'은 '契'로, '本'은 '本心'으로 되어 있으므로, 잘못되고 빠진 것이 분명하여 바로잡는다. 오인돈수(悟人頓修, 깨친 사람은 단박에 닦음)는 분명하게 있으므로 식심견성이

곧 돈수임을 말한다. 그리고 깨달은 뒤에는 영리함과 어리석음〔利鈍〕의 차별도 있을 수 없다.

▼ 迷人은 漸契하고 悟者는 頓修니 自識本心하고 自見本性하면 卽無差別이니라 [大·興·德 295]

미혹한 사람은 점차로 계합하고 깨친 이는 단박에 닦으니, 스스로 본래 마음을 알고 스스로 본래 성품을 보면 곧 차별이 없느니라.

○ 종보본에는 "미혹한 사람은 점차로 닦고 깨친 이는 단박에 계합한다〔迷人漸修 悟人頓契〕."로 되어 있으나, 근본 뜻은 앞의 항과 같다.

▼ 請大師의 不立은 如何오 大師言하되 自性(姓)은 無非無亂無痴하야 念念般若觀照하야 常(當)離法相하니 有何可立고 自性頓修하니 立有漸이라 此所(契)以不立이니라 [敦 338]

"청하오니 대사의 세우지 않는다〔不立〕 하심은 어떤 것입니까?"
대사께서 말씀하셨다.
"자성은 잘못도 없고 어지러움도 없으며 어리석음도 없어서 생각 생각이 반야 지혜로 관조하여 항상 법의 모양을 떠났으니 무엇을 가히 세우리오. 자성은 단박에 닦는 것이니 세우면 점차가 있으므로 세우지 않느니라."

▼ 如何是不立義오 師曰自性은 無非無痴無亂하야 念念般若觀照하야 常離法相하야 自由自在하야 縱橫盡得하니 有何可立고 自性自悟하야 頓悟頓修하야 亦無漸次니라 [大·興·德·宗 339]

"어떤 것이 세우지 않는다는 뜻입니까?"
스님께서 말씀하셨다.
"자성은 잘못도 없고 어리석음도 없으며 어지러움도 없어서 생각마다 지혜가 밝게 비춰 항상 법의 모양을 떠나서 자유자재하여 거침이 없으니 무엇을 세운단 말인가? 자기의 성품을 스스로 깨쳐서 돈오돈수(頓悟頓修, 단박에 깨치고 단박에 닦음)하여 점차가 없느니라."

○ 식심·견성·대오(大悟)·돈오는 원래 묘각인 내외명철을 내용으로 한다. 그리하여 삼현(三賢)·십성(十聖)을 뛰어넘었으므로 돈오돈수라 하였으니, 이것이 육조선(六祖禪)의 근본사상이다. 그러므로 돈법·돈교로 일체의 점문(漸門)을 배제한 것이다.

▼ 當起般若觀照하면 刹那間에 妄念이 俱滅하야 卽是自眞正善知識이라 一悟에 卽知佛也니라 自性心地에 以智慧

觀照하야 內外明(名)徹하면 識自本心이며 卽是解脫이니라
旣得解脫하면 卽是般若三昧니 悟般若三昧하면 卽是無念
이니라 [敦 318]

마땅히 반야로 관조하면 찰나 사이에 망념이 다 없어져 이
것이 곧 나의 진정한 선지식이라, 한 번 깨침에 곧 부처님을 아
느니라. 자기 성품의 마음자리에 지혜로 관조하여 내외명철하
면 자기의 본래 마음을 아는 것이요 곧 해탈이니라. 이미 해탈
을 얻으면 곧 반야삼매니, 반야삼매를 깨치면 이것이 무념이
니라.

▼ 起般若觀照하면 一刹那間에 妄念이 俱滅하야 若識自
性하면 一悟에 卽至佛地니라 智慧觀照하야 內外明徹하면
識自本心하나니 若識本心하면 卽本解脫이요 若得解脫하면
卽是般若三昧니 卽是無念이니라 [大·興·德·宗 318]

반야지혜가 일어나 비추면 한 찰나 사이에 망념이 다 없어
지나니, 만약 자기의 성품을 알면 한 번 깨침에 곧 부처님 지
위에 이르느니라. 지혜로 비춰서 내외명철하면 자기의 본래 마
음을 아나니, 본래 마음을 알면 곧 본래 해탈이요, 만약 해탈
을 얻으면 곧 반야삼매니, 이것이 무념이니라.

○ 돈황본에는 "한 번 깨침에 부처님을 안다〔一悟知佛〕."고 하였

고, 각 본에서는 "한 번 깨침에 부처님 지위에 이른다〔一悟佛地〕." 고 하여 표현이 서로 다른 것 같으나, 반야로 관조하여 망념이 다 없어지면 내외명철하여 불지(佛地, 부처님의 지위)가 아닐 수 없으므로, "부처님을 안다〔知佛〕." 함은 곧 '부처님 지위〔佛地〕'인 것이다. 또한 네 본에서 "만약 자기의 성품을 알면 곧 부처님 지위에 이른다〔若識自性하면 即至佛地〕."고 한 것은 '식심견성'이 곧 부처님 지위임을 육조가 친히 말씀한 중요한 법문이니, 식심견성하면 묘각(妙覺)인 내외명철임을 더욱더 뚜렷이 하였다.

▼ 法達이 言下에 大悟하야 自言하되 已後로는 念念修行佛行하리이다 大師言하되 即佛行이 是佛이니라 [敦 345]

법달이 말끝에 크게 깨치고 말하기를, "이후로는 생각 생각 부처님 행을 수행하겠습니다." 하니, 대사가 말씀하시기를, "부처님 행이 곧 부처님이니라." 하였다.

○ 대승사본에는 "부처님 행 닦기를 원한다〔願修佛行〕.", 홍성사본에는 "바야흐로 부처님 행을 닦는다〔方修佛行〕."고 하였으나 뜻은 같다. 덕이본과 종보본에는 이 구절이 빠졌으나, 다른 세 본에는 수록되어 있으므로 상관이 없다.
돈오견성(頓悟見性)하면 불지(佛地)이므로 오후점수(悟後漸修, 깨친 뒤에 점차로 닦음)는 필요 없고 부처님 행을 수행하는 것이니, 이는 교가의 점수사상으로 어지럽게 된 종문(宗門)에 일대 활로(活路)가 되는 것이다.

Ⅴ 自性이 具三身하야 發明成四智하니 不離見聞緣하고 超然登佛地로다 [德·宗 350]

자성이 삼신(三身, 법신·보신·화신의 세 몸)을 갖추어 밝음을 빛내어 사지(四智, 부처가 갖추는 네 가지 지혜)를 이루나니, 보고 듣는 인연을 여의지 않고 초연히 부처님 지위에 오르느니라.

○ 이 항(項)은 뒷날 덧붙인 '참청기연편(參請機緣編)'에 들어 있는 것으로, 돈황본에는 없으나 『전등록』등에 육조의 법문으로 많이 수록되어 있으므로 육조의 법문임을 의심할 수 없는 유명한 구절이다. 돈오견성하면 삼신·사지를 이루어 초연히 부처님 지위에 오르니〔超然登佛地〕오인돈수·유전돈법(唯傳頓法, 오직 돈법만을 전함)을 항상 주장한 육조의 면목이 뚜렷하다.

4. 무념위종(無念爲宗)
   – 무념으로 종을 삼음

▼ 我自法門은 從上已來로 「頓漸」 皆立無念爲(無)宗하나니 無相爲(無)體하고 無住「無」爲本이니라 [敦 295]

나의 법문은 예로부터 모두 무념을 세워 종(宗)을 삼나니, 모양 없음(無相)으로 몸(體)을 삼고 머무름 없음(無住)으로 근본을 삼느니라.

○ 돈점(頓漸) 두 자는 군더더기임이 밝혀졌으며, 무념무종(無念無宗), 무상무체(無相無體), 무주무위본(無住無爲本)은 무념위종(無念爲宗), 무상위체(無相爲體), 무주위본(無住爲本)을 잘못 베낀 것이다.

▼ 我此法門은 從上已來로 先立無念爲宗이니 無相으로 爲體하고 無住로 爲本이니라 [大·興·德·宗 295]

나의 이 법문은 예로부터 먼저 무념을 세워 종을 삼고, 모양 없음으로 몸을 삼고 머무름 없음으로 근본을 삼느니라.

○ 육조의 무념은 망상이 다 없어진 불지무념(佛地無念, 부처님 지위의 무념)이다.

▼ 是以로 立無念爲宗이니라 [敦 296]

그러므로 무념을 세워 종을 삼느니라.

▼ 所以로 立無念爲宗이니라 [大·興·德·宗 296]

그러므로 무념을 세워 종을 삼느니라.

▼ 此敎門은 立無念爲宗이니라 [敦 297]

이 가르침의 문은 무념을 세워 종을 삼느니라.

▼ 此法門은 立無念爲宗이니라 [大·興·德·宗 297]

이 법문은 무념을 세워 종을 삼느니라.

○ 육조가 무념위종(無念爲宗, 무념으로 종을 삼음)을 거듭 말씀하신 것은 육조의 근본 입장이 내외명철한 묘각무념(妙覺無念)에

있기 때문이다.

▼ 世人이 離見하야 不起於念하야 若無有念하면 無念도 亦不立이니라 無者는 無何事며 念者는 念何物고 無者는 離二相諸塵勞요 眞如는 念之體며 念是眞如之用이니라 性(姓)起念하야 雖卽見聞覺知(之)나 不染萬境(鏡)而常自(白)在하나니 維摩經에 云하되 外能善分別諸相하나 內於第一義而不動이로다 [敦 297]

세상 사람이 견해를 버리고 생각을 일으키지 않아 만약 유념(有念, 생각 있음)이 없으면 무념도 또한 서지 못하느니라. 없다〔無〕 함은 무슨 일이 없다 함이며, 생각함이란 무슨 물건을 생각함인가? 없다 함은 상대되는 두 모양의 모든 진로(塵勞, 번뇌)를 버림이요, 진여는 생각〔念〕의 몸〔體〕이며 생각은 진여의 씀〔用〕이니라. 자성이 생각을 일으켜 비록 보고 듣고 느끼고 아나〔見聞覺知〕, 만 가지 경계에 물들지 아니하고 항상 자재하나니, 『유마경』에 이르기를, "밖으로 능히 모든 법의 모양을 잘 분별하나 안으로 첫째 뜻〔第一義〕에서 움직이지 않는다."고 하였느니라.

○ 무념은 유무(有無)나 선악(善惡)처럼 상대되는 두 모양의 진로(塵勞)를 영원히 여읜 진여정념(眞如正念)을 말한다.

✌ 無者는 無二相諸塵勞之心이요 念者는 念眞如本性이
니 眞如는 卽是念之體요 念은 卽是眞如之用이니라 (削除
部分) 眞如自性이 起念하야 念六相하야 雖有見聞覺知하되
不染萬境而眞性이 常自在하야 外能分別諸色相하나 內於
第一義而不動이니라 [大·興·德·宗 297]

없다 함은 상대되는 두 모양의 진로(塵勞)의 마음이 없음이
요, 생각함이라 함은 진여본성을 생각함이니, 진여는 생각의
몸이요 생각은 진여의 씀이니라. (삭제 부분) 진여의 자성이 생
각을 일으켜 여섯 모양을 생각하여 비록 보고 듣고 느끼고 아
나 만 가지 경계에 물들지 않아 참된 성품이 항상 자재하며
밖으로는 비록 모든 물질과 모양〔色相〕을 분별하나 안으로는
첫째 뜻에서 움직이지 않느니라.

○ 이 항은 돈황본과 약간 표현이 다르기는 하나, 진로를 영원히
떠난 진여정념(眞如正念)의 근본 사상은 같다. 중간에 보조(普照)
가 발문(跋文)에서 지적하여 논란의 대상이 되는 부분(眞如自性
起念 非眼耳鼻舌能念 眞如有性 所以起念 眞如若無 眼耳色聲當時卽壞)
은 삭제하였는데, 돈황 고본에는 이 부분이 처음부터 없으므로
돈황본의 뛰어남을 알 수 있으며, 삭제 부분은 이 항의 본 뜻인
'진여정념(眞如正念)'을 설명해 보이는 것과는 상관이 없다.

✌ 悟此法者는 卽是無念이니 無憶無着이라 莫起(去)誑妄

하라 卽自是眞如性(姓)이니라 用智慧觀照하야 於一切法에 不取不捨하나니 卽是見性成佛道니라 [敦 313]

이 법을 깨친 이는 곧 무념이니 기억과 집착이 없는지라, 광망(誑妄)을 일으키지 말라. 곧 스스로 진여의 성품이니라. 지혜로 관조하여 모든 법을 취하지도 않고 버리지도 않나니, 이것이 곧 성품을 보아 부처님 도를 이루는 것이니라.

○ 법을 깨달으면 곧 무념이요, 성품을 보아 부처님 도를 이루는 것이다.

◤ 悟此法者는 卽是無念이라 無憶無著無妄하야 莫起誑妄하고 用自眞如性하야 以智慧觀照하야 於一切法에 不取不捨하나니 卽是見性成佛道니라 [大·興·德·宗 313]

이 법을 깨친 이는 곧 무념이라, 기억도 없고 집착도 없으며 망념도 없어서 광망(誑妄)을 일으키지 않고 자기의 진여의 성품을 써서 지혜로 관조하여 모든 법을 취하지도 않고 버리지도 않나니, 이것이 곧 성품을 보아 부처님 도를 이루는 것이니라.

○ 이 항 또한 돈황본과 표현이 약간 다르기는 하나 큰 뜻은 같다. 법을 깨달으면(悟法) 무념이요 견성성불임을 말하여 준다.

◤ 無念法者는 見一切法하되 不著一切法하며 遍一切處하되 不著一切處니라 [敦 318]

무념이란 모든 법을 보되 모든 법에 물들거나 매달리지 않으며, 모든 곳에 두루하되 모든 곳에 끄달리지 않느니라.

◤ 若見一切法하되 心不染着하면 是名無念이니라 [大·興·德·宗 318]

만약 모든 법을 보되 마음이 물들어 끄달리지 않으면 이것이 무념이니라.

◤ 於一切境(鏡)上에 不染을 名爲無念이니라 [敦 296]]

모든 경계 위에서 물들지 않음을 무념이라 이름하느니라.

◤ 於諸境上에 心若能萬境이 常寂하야 念上에 常離諸境하고 不於境上에 生心하나니 所以로 立無念爲宗이니라 [大 296]

모든 경계 위에서 일만 가지 경계를 만나서도 마음이 늘 고요하여 생각 위에 모든 경계를 떠나고 경계 위에 마음이 나지 않나니, 그러므로 무념을 세워 종을 삼느니라.

◤ 於諸境上에 心不染日無念이라 於自念上에 常離諸境하

야 不於境上에 生心하나니라 [興·德·宗 296]

　모든 경계 위에서 마음이 물들지 않음이 무념이라, 자기의 생각 위에 항상 모든 경계를 떠나 경계 위에 마음이 나지 않느니라.

　○ 모든 경계 위에 마음이 나지 않고 마음이 물들지 않음을 무념이라고 하는 바, 식심견성한 불지무념이 아니면 될 수 없는 것이니, 불오염(不汚染, 물듦이 없음)은 곧 구경무념(究竟無念)을 말한다.

▼ 悟無念法者는 萬法에 盡通하며 悟無念法者는 見諸佛境界하며 悟無念法者는 至佛地位니라 [敦·大·興·德·宗 318]

　무념법을 깨친 이는 모든 법에 두루 통달하며, 무념법을 깨친 이는 모든 부처님의 경계를 보며, 무념법을 깨친 이는 부처님의 지위에 이르느니라.

　○ 이는 옛 조사들이 특히 많이 인용하는 구절로, 육조는 무념이 곧 만법진통(萬法盡通, 만법에 다 통함)·제불경계(諸佛境界, 모든 부처님의 경계)·불지위(佛地位)이므로, 식심견성하면 내외명철·불지무념에 이른다고 하였다. 이 법문은 언제나 한결같아 터럭만큼도 어김이 없으니, 이 법을 잇는 법손들은 이 철칙(鐵則)을 저버려서는 안 되며, 만약 어긋난다면 육조의 법손이 아니다.

이로써 『단경』의 대강을 알았다. 『단경』의 목표는 식심견성이며 식심견성은 묘각인 내외명철이므로, 이를 반야삼매·해탈·무념이라고 한다.

이는 점차(漸次)를 밟아 닦아가지 아니하고 당장 성불해 마친다〔直了成佛〕고 하는 돈수이므로, 육조는 늘 유전돈법을 고창(高唱)한 것이다. 돈법이므로 무념으로 종을 삼아서 모든 망념이 사라졌으니, 제불의 경계인 불지라고 단언하였다. 그리하여 견성이 곧 성불임을 청천백일과 같이 선설(宣說)하였으며, 깨달은 뒤에는 부처님 행을 수행〔修行佛行〕하였으니, 이 법을 잇는 법손들은 육조의 성의(聖意)를 바르게 전해야 한다. 그러므로 "돈오견성하고 차제점수(次第漸修, 차례로 차츰차츰 닦음)하여 구경성불(究竟成佛)한다."는 하택(荷澤)·규봉(圭峰)의 점수사상은 교가(敎家)의 전통이요 육조의 사상을 바로 전한 것이 아닌 지해(知解)라고 옛 조사들이 극력 배제한 것이니, 육조의 후손인 우리는 『단경』을 숙독(熟讀)하고 실천하여 삿된 길에 빠지지 않도록 힘써 노력하여야 한다.

5. 정혜체일(定慧體一)
- 정과 혜는 한 몸

▼ 我此法門은 以定慧爲本하나니 第一勿迷言定慧別하라 定慧體一不二니 卽定是慧體요 卽惠是定用이니라 卽惠之時에 定在惠하고 卽定之時에 惠在定하나니 此義는 卽是〔定〕慧等이니라 [敦 293]

나의 이 법문은 정(定)과 혜(慧)로 근본을 삼나니, 먼저 혜와 정이 서로 다르다고 말하지 말라. 정과 혜가 한 몸이어서 둘이 아니니, 곧 정은 혜의 몸〔體〕이요 혜는 정의 작용〔用〕이니라. 곧 혜의 때에 정이 혜 속에 있고 정의 때에 혜가 정 속에 있나니, 이 뜻은 곧 정과 혜가 함께함이니라.

▼ 我此法門은 以定慧爲本하나니 勿迷言定慧別하라 定慧一體不二니 定是慧體요 慧是定用이니라 卽慧之時에 定在慧하고 卽定之時에 慧在定하니 若識此義하면 定慧等學이니라 [大·興·德·宗 293]

나의 이 법문은 정·혜로 근본을 삼나니, 정·혜가 서로 다르다고 말하지 말라. 정과 혜는 한 몸이요 둘이 아니니, 정은 혜의 몸이요 혜는 정의 작용이니라. 곧 혜의 때에 정이 혜에 있고 곧 정의 때에 혜가 정에 있나니, 만약 이 뜻을 알면 정과 혜를 함께 배움이니라.

○ 함께 배운다[等學] 함은 정혜등지(定慧等持, 정과 혜를 함께 가짐) 곧 자성삼매(自性三昧)를 말함이요 수도방편(修道方便)이 아니니, 『열반경』 28에 "모든 부처님 세존께서는 정과 혜를 함께하기 때문에 부처의 성품을 밝게 본다[諸佛世尊은 定慧等故로 明見佛性이니라]."고 하였다.
이렇게 제불의 자성삼매인 정과 혜를 수행점차(修行漸次, 수행해 가는 차례)의 방법으로 삼는 것은 큰 착각이며 육조가 말씀하신 정·혜의 본뜻이 아니다.

▼ 定慧는 猶如何等고 如燈光하야 有燈即有光이요 無燈即無光이라 燈是光之(知)體요 光是燈之用이니 即有二體나 無兩般이니 此定慧도 亦復如是니라 [敦 295]

정과 혜는 무엇과 같은가? 등불과 빛 같아서 등불이 있으면 곧 빛이 있고 등불이 없으면 곧 빛이 없느니라. 등불은 빛의 몸이요 빛은 등불의 작용이니 곧 두 몸이 있으나 두 갈래가 아니니, 이 정과 혜도 또한 이와 같으니라.

▼ 定慧는 猶如何等고 猶如燈光하야 有燈卽光이나 無燈卽不光이니 燈是光之體요 光是燈之用이니라 名雖有二나 體本同一하니 此定慧도 亦復如是니라 [大·興·德·宗 295]

정과 혜는 무엇과 같은가? 등불과 빛 같아서 등불이 있으면 빛이 있으나 등불이 없으면 빛이 없나니, 등불은 빛의 몸이요 빛은 등불의 작용이라, 이름은 비록 둘이 있으나 몸은 본래 같은 하나이니, 이 정과 혜도 또한 이와 같으니라.

○ 정·혜를 등불과 빛에 비유한 것은 참으로 적절하다. 대저 정·혜는 적조(寂照, 고요함과 비침)를 말함이니, 일체 미망(迷妄)이 없어지면 자연히 진여혜광(眞如慧光)이 드러나 적조가 쌍류(雙流)하여 정혜등지가 되어 제불의 대적광삼매(大寂光三昧)에 들게 된다. 그러므로 정혜등등(定慧等等, 정과 혜가 함께하고 함께함)의 구경불지(究竟佛地)가 아니면 정·혜가 아니요 미망이다.
점문(漸門)에서 "정으로 어지러운 생각을 다스리고〔以定治乎亂想〕혜로 무기를 다스린다〔以慧治乎無記〕."고 하여 이것을 "정혜쌍수(定慧雙修, 정·혜를 쌍으로 닦음)"라고 하나, 이는 정혜등지인 육조의 정·혜는 아니다.

▼ 最上乘法을 修行하면 定成佛하야 無去無住無來하나니 是는 定慧等하야 不染一切法일새 三世諸佛이 從中하사 變三毒爲戒定慧하니라 [敦 313]

최상승법을 닦으면 결정코 성불하여 감도 없고 머무름도 없고 옴도 없나니, 정·혜가 함께하여 일체법에 물들지 아니하므로 삼세제불이 여기서 삼독(三毒)을 바꾸어 계정혜(戒定慧)로 삼느니라.

○ 정혜등등하면 가지도 않고 오지도 않으며 어떤 것에도 물들지 않나니, 이는 삼세제불의 자성삼매(自性三昧)이다.

▼ 定慧各別이라 하면 作此見者는 法有二相이니라 [敦 293]

정·혜가 서로 다르다는 견해를 가진 사람은 법에 두 모양이 있느니라.

○ 정혜각별(定慧各別, 정과 혜가 서로 다름)하면 법에 두 가지 모양을 둔 것으로써 정혜등등한 육조의 정혜는 아니니, 종문(宗門)에서 금하는 바이다. 그럼에도 불구하고 "정으로써 어지러운 생각을 다스린다〔以定治平亂想〕."고 하고, "혜로 무기를 다스린다〔以慧治平無記〕."고 하여 정과 혜를 각각 따로 하여 점수(漸修)의 방편으로 삼으니, 이는 실로 육조의 사상을 거스른 것이다.
그러므로 교가(教家)의 점수사상을 버리고, 오매일여가 되어도 언구(言句)를 참구(參究)하는 바른 가르침을 따라야 한다. 곧 대혜(大慧)선사가 오매일여에 이르렀으나 원오(圜悟)선사는 "언구를 의심치 않음이 큰 병이다〔不疑言句是爲大病〕."고 꾸짖으므로,

마침내 대혜선사가 대오(大悟, 크게 깨침)하여 양기정전(楊岐正傳)을 계승한 것이다.

"오매일여한 때에 점점 이르렀어도 다만 화두하는 마음을 여의지 않음이 중요하다〔漸到寤寐一如時에도 只要話頭心不離라〕."고 한 태고(太古)선사의 유훈(遺訓)과 같이, 극히 어려운 오매일여의 깊은 경계에서도 화두를 힘써 참구해야 한다.

만약에 오매일여는 고사하고 몽중일여(夢中一如, 꿈속에서 한결같음), 동정일여(動靜一如, 움직이거나 가만히 있거나 한결같음)도 안 된 미망에서 화두를 버리고 정혜쌍수를 말한다면 참으로 한심스런 노릇이며 불조의 혜명(慧命)을 끊어 버리는 잘못된 법이니, 오직 『단경』을 스승으로 하여 가르침을 바로 계승하는 본분납승(本分衲僧)이 되어야 한다. 이것이 육조가 천명한 내외명철의 단경사상이다.

▼ 卽心名慧요 卽佛乃定이니 定慧等等하야 意中이 淸淨이로다 悟此法門은 由汝習性이니 因本無生이라 雙修是正이로다 〔德·宗 337〕

곧 마음을 혜라 하고 곧 부처가 이에 정이니, 정과 혜가 함께하여 마음속이 청정하니라. 이 법문을 깨침은 너의 익힌 성품으로 말미암은 것이니, 인(因)은 본래로 남〔生〕이 없음이라, 쌍수(雙修, 쌍으로 닦음)가 바르도다.

○ 이는 나중에 추가된 '참청기연(參請機緣) 편'에 들어 있다. 이 쌍수를 점수문으로 오해하는 바 있으나, 이는 본 송(頌)과 같이 마음속[意中]이 청정하여 정혜등등한 자성무생(自性無生, 자성은 남이 없음)에서 하는 말이다. 무생(無生, 남이 없음)에서 쌍수(雙修, 쌍으로 닦음)라 함은 적조쌍류(寂照雙流, 고요함과 비침이 쌍으로 흐름)라 함과 같으니, 무생을 깨달아 마음속이 청정하면 자연히 고요하면서 항상 비추고[寂而常照], 비추면서 항상 고요하여[照而常寂] 적조쌍류라고 말하게 된다.

이것이 바로 정혜등등이며 등지(等持, 함께 지님·삼매)라고 하는 바, 정 가운데 혜가 있고 혜 가운데 정이 있어서 정·혜가 쌍등(雙等, 쌍으로 함께함)하므로 쌍수라고도 한다.

6. 무생서방(無生西方)
   – 남이 없는 서방 극락

◤ 迷人은 念佛하야 往生彼하고 悟者는 自淨其心하나니 所以佛言하사대 隨其心淨하야 則佛土淨이라 하니라 [敦·大·興·德·宗 323]

우매한 사람은 염불하여 저기에 가서 나려 하고 깨친 사람은 스스로 그 마음을 깨끗이 하나니, 그러므로 부처님이 말씀하시되 "그 마음 깨끗함을 따라서 불국토도 깨끗하다." 하시니라.

○ 서방정토(西方淨土)는 어리석은 사람을 위한 방편이다.

◤ 心但無不淨하면 西方이 去此不遠이요 心起不淨之心하면 念佛하여도 往生難到니라 [敦 324]

마음에 다만 깨끗하지 않음(不淨)이 없으면 서쪽 나라가 여기서 멀지 않고, 마음에 깨끗하지 못한 생각이 일어나면 염불을 해도 왕생하여 이르기 어렵느니라.

▼ 心地에 但無不善하면 西方이 去此不遙요 若懷不善之
心하면 念佛하여도 往生難到니라 [大·興·德·宗 324]

마음자리[心地]에 다만 착하지 않음[不善]이 없으면 서쪽 나
라가 여기서 멀지 않고, 만약 착하지 않은 생각을 가지면 염불
하여도 왕생하여 이르기 어렵느니라.

○ 정토가(淨土家)에서는 대업왕생(帶業往生, 업을 지닌 채로 극락세
계에 가서 남)을 주장하여 착하지 못한 사람도 미타(彌陀)의 원력
으로 극락에 가서 난다고 말하지만, 설혹 가서 난다 하여도 이
는 자기의 업력(業力)에 따르는 환주장엄(幻住莊嚴)이요, 모든 부
처님의 실지정토(實地淨土)는 아니다.

▼ 內外明徹하면 不異西方하나니 不作此修하고 如何到彼
리오 [敦·大·興·德·宗 325]

내외명철하면 서쪽 나라와 다름없나니, 이 법을 닦지 않고
어떻게 서쪽 나라에 이르리오.

○ 내외명철은 묘각정토(妙覺淨土)니, 이것이 육조의 정토이다. 십
지(十地)와 등각(等覺)도 내외명철한 제불정토(諸佛淨土)와 법신

불(法身佛)인 아미타불은 보지 못한다.

▼ 若悟無生頓法하면 見西方이 只在刹那間이니라 [敦·大·興·德·宗 295]

만약 무생인 돈법(頓法)을 깨치면 서쪽 나라를 봄이 찰나 사이에 있느니라.

○『단경』의 사상은 철두철미한 자성자오(自性自悟, 자기의 성품을 스스로 깨침)에 있으므로, 그 이외의 것은 인정하지 않는다.
"한 생각 마음이 맑고 깨끗하면 곳곳마다 연꽃 피나니, 한 꽃에 한 정토요 한 국토에 한 여래로다〔一念心淸淨하면 處處에 蓮花開니 一華一淨土요 一土一如來라〕."고 한 방거사(龐居士)의 송구(頌句)가 단경사상을 바로 계승한 것이다.

설사 대업왕생을 한다 하여도 제불정토와 미타면목(彌陀面目)은 꿈에도 보지 못하나니, 자성자오하여 남이 없음〔無生〕을 단박에 깨달아〔頓證〕, 참으로 미망으로부터 해탈하여야 한다. 미타(彌陀)의 진면목(眞面目)을 보지 못하는 왕생은 꿈속의 꼭두각시 놀음〔夢中幻戲〕이니, 선가(禪家)에서 선정겸수(禪淨兼修, 선과 정토를 함께 닦음) 운운하는 것은 본분납자(本分衲子)가 아니며 육조의 법손이 될 수 없다.

7. 불오염수(不汚染修)
 - 물듦이 없는 닦음

▼ 師曰 什麼物이 恁麼來오 曰說似一物이라도 卽不中이니다 師曰 還可修證否아 曰修證卽不無나 汚染卽不得이니다 師曰 只此不汚染은 諸佛之所護念이니 汝旣如是하고 吾亦如是로다 [德·宗 359]

대사께서 말씀하셨다.
"무슨 물건이 이렇게 오는고?"
"한 물건이라고 말씀드린다 하여도 맞지 않습니다."
대사께서 말씀하셨다.
"그러면 닦아 증득(修證)하는가?"
"닦아 증득함은 없지 않으나 오염(汚染)될 수는 없습니다."
대사께서 말씀하셨다.
"다만 이 오염되지 않음(不汚染)은 모든 부처님께서 호념(護念)하시는 바라, 네가 벌써 이러하고 나 또한 이러하니라."

○ 불오염(不汚染)을 육조는 무념이라고 하였으며, 무념은 내외명철인 불지(佛地)라고 하였다. 왜냐하면 불지무념이 아니면 불오염이 되지 않기 때문이다. 그러므로 "불오염은 제불의 호념하는 바이며, 너도 이러하고 나 또한 이러하도다."라고 한 것은 부처님 행을 수행〔修行佛行〕하는 것을 말한 것이다.

그러면 수증(修證, 닦아 증득함)이란 무슨 말인가?

옛 조사들은 이 불오염의 수증을 점차수증(漸次修證, 점차로 닦아 증득함)이 아니요, 불지인 원증(圓證) 후의 원수(圓修)라고 하여, 착의끽반(着衣喫飯, 옷 입고 밥 먹음), 소지분향(掃地焚香, 땅을 쓸고 향을 사름) 등을 지칭하였는바, "털끝만큼도 닦고 배우는 마음이 없고, 모양 없는 빛 속에서 항상 자재하다〔不起纖毫修學心하고 無相光中常自在라〕."고 한 것이다.

이를 오해하는 사람들이 이 수증을 점수사상에 배합하여 망상을 닦아 다스리는 것으로 착각하는 것은 이 불오염을 모르는 큰 잘못으로, 육조의 법문을 이해하지 못했기 때문이다.

점수문에서도 불오염을 주장하기는 하나, 점수문의 돈오는 "육진의 번뇌가 전과 다름없어서〔客塵煩惱 如前無殊〕" 무념이 아니므로 생각 생각 오염되어 불오염이 되지 않는다. 그러므로 무념을 돈증(頓證, 단박에 깨침)하기 전의 수행은 모두 오염수(汚染修)인 것이다. 비록 망념이 본래 공(空)한 것은 안다 하여도, 망념이 계속 일어났다 없어졌다 하므로 경계를 따라 생각이 일어나〔遇境生念〕 전전(轉轉)히 오염되기 때문이다.

8. 불보리인(佛菩提因)
   – 부처님 깨달음의 씨앗

▼ 若欲修行云覓佛인댄 不知何處欲求眞고 若能身中에 自有眞하면 有眞이 卽是成佛因이로다 [敦 386]

　만약 수행하여 부처님을 찾는다고 할 때 어느 곳에서 참됨〔眞〕을 찾으려 하는지 알지 못하노라. 만약 몸 가운데 스스로 참됨이 있으면 참됨 있음이 곧 성불하는 씨앗〔因〕이로다.

　○ 몸 가운데 진여(眞如)가 있는 줄 알면, 이것이 수도하여 성불할 수 있는 씨앗이 된다는 말이다.

▼ 若欲修行覓作佛인댄 不知何處擬求眞고 若能心中에 自見眞하면 有眞이 卽是成佛因이로다 [興·德·宗 386]

　만약 수행하여 부처가 되고자 할 때 어느 곳에서 참됨을 찾으려 하는지 알지 못하노라. 만약 마음 가운데에서 스스로 참됨을 보면 참됨 있음이 곧 성불하는 씨앗이로다.

○ 돈황본에는 "몸 가운데 스스로 참됨이 있다〔身中自有眞〕."고 되어 있고, 다른 각 본에는 "마음 가운데에서 스스로 참됨을 본다〔心中에 自見眞〕."고 하여 서로 차이가 있다.
"몸 가운데 참됨이 있음"은 몸 속에 진여가 있음이 되고, "마음 가운데에서 스스로 참됨을 본다." 함은 진여를 스스로 보는 것인지라 곧 견성이 된다. "몸 가운데 참됨이 있음〔身中有眞〕"은 성불하는 씨앗〔成佛因〕이지만, "마음 가운데서 참됨을 봄〔心中見眞〕"은 견성인 불과(佛果)로써 인지(因地)가 될 수 없으므로 『단경』의 '견성즉불(見性卽佛, 견성이 곧 부처)'이라는 원칙에 어긋난다. 물론 다른 본들도 "참됨을 보는 것이 곧 성불하는 씨앗〔見眞卽成佛因〕"이라고 하지 않고 돈황본처럼 "참됨 있음이 곧 성불하는 씨앗〔有眞卽成佛因〕"이라고 하였으므로 원칙상 모순은 없다. 그러나 "마음 가운데에서 참됨을 본다〔心中見眞〕."고 해 놓고 바로 뒤에 "참됨 있음이 곧 성불하는 씨앗〔有眞卽是成佛因〕"이라고 하였으니, 돈황본이 아닌 다른 본들은 자체의 모순을 면치 못하므로 앞뒤의 글이 맞지 않는다.

▼ 化身報身及淨身이여 三身이 元本是一身이라 若向身中에 覓自見하면 卽是成佛菩提因이로다 [敦 385]

화신 보신 및 정신이여! 세 몸이 원래 한 몸이니, 만약 몸 가운데서 스스로 보는 걸 찾으면 부처님의 깨달음을 이루는 씨앗이로다.

○ "멱자견(覓自見)"을 "찾아서 스스로 본다."고 하면 이는 견성한다는 말로써 성불하는 씨앗이 아니므로 "견성즉불"이라는 원칙에 어긋난다. "스스로 보는 걸 찾는다."고 하면 "견성하는 길을 닦는다."는 말이므로 성불하는 씨앗이라 하여도 원칙에 어긋나지 않는다.

▼ 法身報身及化身이여 三身이 本來是一身이라 若向性中에 能自見하면 卽是成佛菩提因이로다 [興·德·宗 385]

법신 보신 및 화신이여! 세 몸이 원래로 한 몸이라, 만약 자성 가운데로 향하여 능히 스스로 보면 곧 성불하는 깨달음의 씨앗이로다.

○ 앞에서 말한 바와 같이 "성품 가운데서 스스로 본다(性中自見)." 함은 견성이 된다. 그런데 견성은 불과(佛果)요 인지(因地)가 아니니 "성품 가운데서 스스로 본다(性中自見)."고 하면서 "성불하는 씨앗(成佛因)"이라고 하면, 『단경』의 '견성즉불'이라는 원칙에 어긋난다.
본디 각 본에서는 "마음을 알고 성품을 보면 곧 부처라 한다(識心見性 卽名爲佛)."고 하였고, 또 "만약 자성을 알면 곧 부처님 지위에 이른다〔若識自性 卽至佛地〕."고 하여 '견성즉불'을 더욱 강조하였으니, 이 대원칙(大原則)에 어긋나는 것은 절대로 받아들일 수 없다. 이는 뒷사람들이 베껴 쓸 때 잘못 하였거나 아니면 일부러 고쳐 바꾼 것일 터이므로, 일본 조동종의 개조(開祖)인 도원(道元)의 필사본(筆寫本)이라고 하는 대승사본에는 논란이 된 앞의 두 구절이 들어 있는 '자성진불송(自性眞佛頌)'을 모두 삭제해 버렸다.

모름지기 돈황본 및 다른 본에 일관된 근본 사상은 내외명철·법신불·묘각견성(妙覺見性)·오인돈수·자성돈수의 돈법돈교·불지무념을 전제로 한 무념위종·식심견성·오후수행불행(悟後修行佛行) 등이니, 이에 어긋나는 사상은 모두 없애고, 오직 『단경』의 근본으로 돌아와 육조의 가르침을 올바로 이어야 한다. 특히 각 본 가운데서 "마음을 알아 성품을 보면 곧 부처라 한다〔識心見性 卽名爲佛〕.", "만약 자성을 알면 곧 부처님 지위에 이른다〔若識自性 卽至佛地〕."와 같은 법문은 육조의 가르침을 바로 잇고 드날리는 데 한층 도움이 되는 것이다.

제2편

돈황본단경 편역
(敦煌本壇經 編譯)

南宗頓敎最上大乘摩訶般若波羅蜜經
남종돈교 최상대승 마하반야바라밀경

一

六祖惠能大師於韶州大梵寺施法壇經一卷
兼受無相戒 弘法弟子法海集記
육조 혜능대사가 소주 대범사 강당에서 베푸신 법단경
겸하여 무상계를 받은 홍법제자 법해가 모아 기록함

1. 서언(序言)

▼ 惠能大師가 於大梵寺講堂中에 昇高座하야 說摩訶般若波羅蜜法하고 授(受)無相戒하니 其時座下에 僧尼道俗이 一萬餘人이라 韶州刺史韋璩(等據)와 及諸官僚(寮) 三十餘人과 儒士餘人이 同請大師說摩訶般若波羅蜜法할새 刺史遂令門人僧法海集記하야 流行後代(伐)하야 與學道者로 承此宗旨하야 遞相傳授라 有所依(於)約하야 以爲稟承하야 說此壇經하니라

혜능대사가 대범사 강당의 높은 법좌에 올라 마하반야바라밀법을 설하고 무상계를 주시니, 그때 법좌 아래에는 비구·비구니·도교인·속인 등, 일만여 명이 있었다.
소주 자사 위거와 여러 관료 삼십여 명과 유가의 선비 몇몇 사람들이 대사에게 마하반야바라밀법을 설해 주기를 함께 청하였고, 자사는 이윽고 문인 법해로 하여금 모아서 기록하게 하였으며, 후대에 널리 행하여 도를 배우는 사람들이 함께 이

종지를 이어받아서 서로서로 전수케 한지라, 의지하여 믿는 바가 있어서 이에 받들어 이어받게 하기 위하여 이 『단경』을 설하였다.

2. 심사(尋師)
– 스승을 찾아감

❷ 能大師言하되 善知識아 淨心하야 念摩訶般若波羅蜜法하라 大師不語하야 自淨心神하고 良久乃言하되 善知識아 靜(淨)聽하라 惠能慈父의 本官은 范陽이니 左降遷流〔嶺〕南新州百姓하니라 惠能幼小하야 父小早亡하고 老母와 孤遺는 移來〔南〕海하야 艱辛貧乏(之)하야 於市賣(買)柴러니 忽有一客이 買柴하야 遂領惠能하야 至於官店하야 客將柴去하고 惠能이 得錢하야 却向門前이라가 忽見一客이 讀金剛經하고 惠能이 一聞에 心明(名)便悟하야 乃問(聞)客曰 從何處來하야 持此經典고 客이 答曰 我於蘄州黃梅縣(懸)東馮茂(墓)山에 禮拜五祖弘忍和尙하니 見今(令)在彼하야 門人이 有千餘衆이라 我於彼聽見大師勸道俗하니 但持(特)金剛經一卷하면 卽得見性하야 直了成佛이라 惠能이 聞說하고 宿業有緣일새 便卽辭親하고 往黃梅馮茂(墓)山하야 禮拜五祖弘忍和尙하니라

혜능대사는 말씀하셨다.

"선지식들아, 마음을 깨끗이 하여 마하반야바라밀법을 생각하라!"

대사께서는 말씀하시지 않고 스스로 마음과 정신을 가다듬고 한참 묵묵하신 다음 이윽고 말씀하셨다.

"선지식들아, 조용히 들어라. 혜능 아버지의 본관은 범양인데 좌천되어 영남의 신주 백성으로 옮겨 살았고 혜능은 어려서 일찍 아버지를 여의었다. 늙은 어머니와 외로운 아들은 남해로 옮겨와서 가난에 시달리며 장터에서 땔나무를 팔았다.

어느 날 한 손님이 땔나무를 샀다. 혜능을 데리고 관숙사(官宿舍)에 이르러 손님은 나무를 가져갔고, 혜능은 값을 받고서 문을 나서려 하는데, 문득 한 손님이 『금강경』 읽는 것을 보았다. 혜능은 한 번 들음에 마음이 밝아져 문득 깨치고, 이내 손님에게 묻기를,

"어느 곳에서 오셨기에 이 경전을 가지고 읽습니까?" 하였다.

손님이 대답하기를,

"나는 기주 황매현 동빙무산에서 오조 홍인화상을 예배하였는데, 지금 그곳에는 문인이 천여 명이 넘습니다. 나는 그곳에서 오조대사가 승려와 속인들에게 다만 『금강경』 한 권만 지니고 읽으면 곧 자성을 보아 바로 부처를 이루게 된다고 권하는 것을 들었습니다." 하였다.

그 말을 들은 혜능은 숙세의 업연이 있어서, 곧 어머니를 하직하고 황매의 빙무산으로 가서 오조 홍인화상을 예배하였다.

▼ 弘忍和尙이 問惠能曰 汝는 何方人인대 來此山하야 禮拜吾하며 汝今向吾邊하야 復求何物고 惠能이 答曰 弟子는 是嶺(領)南人이니 新州百姓이라 今故遠來하야 禮拜和尙은 不求餘物이요 唯求〔作〕佛法하노이다 「作」大師遂責惠能曰 汝是嶺(領)南人이요 又是獦獠니 若爲堪作佛고 惠能이 答曰 人은 卽有南北이나 佛性(姓)은 卽無南北이라 獦獠身이 與和尙으로 不同이나 佛性(姓)은 有何差別이리오 大師欲更共議라가 見左右在傍邊하고 大師更不言하고 遂發遣惠能하야 令隨衆作務케 하니 時有一行者하야 遂差惠能於碓房하야 踏碓八箇餘月하니라

홍인화상께서 혜능에게 묻기를,

"너는 어느 곳 사람인데 이 산에까지 와서 나를 예배하며, 이제 나에게서 새삼스레 구하는 것이 무엇이냐?" 하셨다.

혜능이 대답하기를,

"제자는 영남 사람으로 신주의 백성입니다. 지금 짐짓 멀리서 와서 큰스님을 예배하는 것은 다른 것을 구함이 아니옵고 오직 부처되는 법을 구할 뿐입니다." 하였다.

오조대사께서는 혜능을 꾸짖으며 말씀하시기를,

"너는 영남 사람이요 또한 오랑캐거니 어떻게 부처가 될 수 있단 말이냐?" 하셨다.

혜능이 대답하기를,

"사람에게는 남북이 있으나 부처의 성품은 남북이 없습니

다. 오랑캐의 몸은 스님과 같지 않사오나 부처의 성품에 무슨 차별이 있겠습니까?" 하였다.

오조스님은 함께 더 이야기하시고 싶었으나, 좌우에 사람들이 둘러서 있는 것을 보시고 다시 더 말씀하시지 않았다. 그리고 혜능을 내보내어 대중을 따라 일하게 하시니, 그때 혜능은 한 행자가 이끄는 대로 방앗간으로 가서 여덟 달 남짓 방아를 찧었다.

○『금강경(金剛經)』 … "이 한 권의 경이 중생의 자성 속에 본래 있으니, 스스로 보지 못하는 이는 다만 문자만 독송할 것이요, 만약 본래 마음을 깨치면 이 경이 문자 속에 있지 않음을 비로소 알지니라〔此一卷經이 衆生性中에 本有하니 不自見者는 但讀誦文字요 若悟本心하면 始知此經이 不在文字니라 -金剛經序-六祖〕."

○ 직료성불(直了成佛, 곧바로 요달하여 부처를 이룸) … 지위와 점차를 거치지 않고 곧바로 성불함이니,『영가증도가(永嘉證道歌)』의 일초직입여래지(一超直入如來地, 한 번 뛰어 여래지에 바로 들어간다)와 같은 뜻이다.

3. 명게(命偈)
- 게송을 지으라 이르심

▽ 五祖忍於一日에 喚門人盡來케 하야 門人이 集訖(記)이어늘 五祖日 吾向汝(與)說하노니 世人의 生死事大어늘 汝等門人은 終日供養하야 只求福田하고 不求出離生死苦海하나니 汝等自性(姓)이 迷하면 福門이 何可救汝리오 汝惣且歸房自看하야 有智(知)惠者어든 自(白)取本性(姓)般若之知(知之)하야 各作一偈呈吾하라 吾看汝偈하야 若悟(吾)大意者는 付汝衣法하야 禀爲六代하리니 火急急하라

오조 홍인대사께서 하루는 문인들을 다 불러오게 하셨다. 문인들이 다 모이자 말씀하셨다.

"내 너희들에게 말하나니, 세상 사람의 나고 죽는 일이 크거늘 너희들 문인들은 종일토록 공양을 하며 다만 복전만을 구할 뿐 나고 죽는 괴로운 바다를 벗어나려고 하지 않는다. 너희들의 자성이 미혹하면 복의 문이 어찌 너희들을 구제할 수 있겠느냐? 너희들은 모두 방으로 돌아가 스스로 잘 살펴보라.

지혜가 있는 자는 본래의 성품인 반야의 지혜를 스스로 써서 각기 게송 한 수를 지어 나에게 가져오너라. 내가 너희들의 게송을 보고 만약 큰 뜻을 깨친 자가 있으면 그에게 가사와 법을 부촉하여 육대의 조사가 되게 하리니, 어서 빨리 서두르도록 하라."

▼ 門人이 得處分하고 却來各至自房하야 遞相謂言하되 我等은 不須呈心用意作偈하야 將呈和尙이니 神秀上座는 是敎授師라 秀上座得法後에는 自可依(於)止니 請不用作이라 하고 諸人이 息心하고 盡不敢呈偈러라 時大師堂前에 有三間房廊하야 於此廊下에 供養하야 欲畵楞伽變하고 并畵五祖大師의 傳授衣法하야 流行後代하야 爲記케 할새 畵人盧珍(玲)看壁了하고 明日에 下手하려 하니라

　문인들이 처분을 받고 각기 자기 방으로 돌아와서 서로 번갈아 말하기를,
　"우리들은 마음을 가다듬고 뜻을 써서 게송을 지어 큰스님께 모름지기 바칠 필요가 없다. 신수 상좌는 우리의 교수사이므로 신수 상좌가 법을 얻은 후에는 저절로 의지하게 될 터이니 굳이 지을 필요가 없다." 하고, 모든 사람들은 생각을 쉬고 다들 감히 게송을 바치지 않았다.
　그때 화공 노진이 홍인대사의 방 앞에 있는 삼 칸의 복도에 '능가변상'과 오조대사가 가사와 법을 전수하는 그림을 그려

공양하고, 후대에 전하여 기념하고자 벽을 살펴보고서 다음 날 착수하려고 하였다.

4. 신수(神秀)

▼ 上座神秀思惟하되 諸人이 不呈心偈는 緣我爲敎授師니 我若不呈心偈면 五祖如何得見我心中의 見解深淺이리오 我將心偈하야 上五祖呈意하야 求法은 即善(即善求法)이어니와 覓祖는 不善하니 却同凡心의 奪其聖位요 若不呈心하면 終(修)不得法이라 良久思惟하되 甚難甚難하며 甚難甚難이로다 夜至三更에 不令人見하고 遂向南廊下中間(問)壁上하야 題作呈心偈하야 欲求於法하리라 若五祖見偈하고 言此偈語〔不堪〕이라 하야 若訪覓我하면 我宿業障重하야 不合得法이니 聖意難測하야 我心自息이로다

상좌인 신수는 생각하였다.

"모든 사람들이 마음의 게송을 바치지 않는 것은 내가 교수사이기 때문이다. 내가 만약 마음의 게송을 바치지 않으면 오조스님께서 나의 마음속의 견해가 얕고 깊음을 어찌 아시리오. 내가 마음의 게송을 오조스님께 올려 뜻을 밝혀서 법을

구함은 옳거니와, 조사의 지위를 넘봄은 옳지 않다. 도리어 범인의 마음으로 성인의 지위를 빼앗음과 같다. 그러나 만약 마음의 게송을 바치지 않으면 마침내 법을 얻지 못할 것이다. 한참을 아무리 생각하여도 참으로 어렵고 어려우며 참으로 어렵고도 어려운 일이로다. 밤이 삼경에 이르면 사람들이 보지 못하게 하고 남쪽 복도의 중간 벽 위에 마음의 게송을 지어서 써 놓고 법을 구해야겠다. 만약 오조스님께서 게송을 보시고 이 게송이 당치 않다고 나를 찾으시면 나의 전생 업장이 두터워서 합당히 법을 얻지 못함이니, 성인의 뜻은 알기 어려우므로 내 마음을 스스로 쉬리라."

▼ 秀上座 三更 於南廊下中間壁上에 秉燭題作偈하니 人盡不知(和)러라 偈曰
　　身是菩提樹요 心如明鏡臺니
　　時時勤拂(佛)拭하야 莫使有塵埃어다

　신수 상좌가 밤중에 촛불을 들고 남쪽 복도의 중간 벽 위에 게송을 지어 써 놓았으나 사람들이 아무도 알지 못하였다.
　게송으로 말하였다.

　몸은 보리의 나무요
　마음은 밝은 거울과 같나니
　때때로 부지런히 털고 닦아서

티끌과 먼지 묻지 않게 하라.

▼ 神秀上座題此偈畢하고 歸房臥하니 並無人見이라 五祖平旦에 遂喚(換)盧供奉來하야 南廊下에 畵楞伽變케 하다가 五祖忽見此偈하야 讀訖(請記)하고 乃謂供奉日 弘忍이 與供奉錢三十千하야 深勞遠來하노니 不畵變相也리라 金剛經에 云 凡所有相이 皆是虛妄이라 하니 不如留(流)此偈하야 令迷人誦하야 依此修行하야 不墮三惡이니 依法修行하면 人有大利益이로다 大師遂喚門人盡來하야 焚香偈前케 하니 人衆이 入(人)見하고 皆生敬心이어늘 〔五祖曰〕 汝等이 盡誦此偈者는 方得見性(姓)이니 依(於)此修行하면 卽不墮落이니라 門人盡誦하고 皆生敬心하야 喚言善哉러라

신수 상좌가 이 게송을 다 써 놓고 방에 돌아와 누웠으나 아무도 본 사람이 없었다.

오조스님께서 아침에 노공봉을 불러 남쪽 복도에 '능가변상'을 그리게 하려 하시다가, 문득 이 게송을 보셨다. 다 읽고 나서 공봉에게 말씀하셨다.

"홍인이 공봉에게 돈 삼만 냥을 주어 멀리서 온 것을 깊이 위로하니, 변상을 그리지 않으리라. 『금강경』에 말씀하시기를, 무릇 모양이 있는 모든 것은 다 허망하다 하셨으니, 이 게송을 그대로 두어서 미혹한 사람들로 하여금 외게 하여, 이를 의지하여 행을 닦아서 삼악도에 떨어지지 않게 하는 것만 못할 것

이다. 법을 의지하여 행을 닦으면 사람들에게 큰 이익이 있을 것이니라."

이윽고 홍인대사께서 문인들을 다 불러오게 하여 게송 앞에 향을 사르게 하시니, 사람들이 들어와 보고 모두 공경하는 마음을 내므로 오조스님이 말씀하셨다.

"너희들은 모두 이 게송을 외라. 외는 자는 바야흐로 자성을 볼 것이며, 이를 의지하여 수행하면 곧 타락하지 않으리라."

문인들이 다들 외고 모두 공경하는 마음을 내어 "훌륭하다!"고 말하였다.

▼ 五祖(褐)遂喚秀上座於堂內하고 問(門)是汝作偈否아 若是汝作이면 應得我法하리라 秀上座言하되 罪過니다 實是神秀作이나 不敢求祖니 願和尙은 慈悲로 看하소서 弟子有小智惠하야 識大意否아 五祖(褐)曰 汝作此偈에 見卽來到나 只到門前이요 尙未得入이니 凡夫依(於)此偈修行하면 卽不墮落이로되 作此見解하야 若覓無上菩提하면 卽未可得이라 須入得門하야사 見自本性(姓)이니 汝且去하야 一兩日來思惟하야 更作一偈하야 來呈吾하라 若入得門하야 見自本性(姓)하면 當付汝衣法하리라 秀上座去하야 數日作不得하니라

오조스님이 신수 상좌를 거처로 불러서 물으시되,

"네가 이 게송을 지은 것이냐? 만약 네가 지은 것이라면 마땅히 나의 법을 얻으리라." 하셨다.

신수 상좌가 말하기를,

"부끄럽습니다. 실은 제가 지었습니다만 감히 조사의 자리를 구함이 아니오니, 원하옵건대 스님께서는 자비로 보아 주옵소서. 제자가 작은 지혜라도 있어서 큰 뜻을 알았습니까?" 하였다.

오조께서 말씀하시기를,

"네가 지은 이 게송은 소견은 당도하였으나 다만 문 앞에 이르렀을 뿐 아직 문안으로 들어오지는 못하였다. 범부들이 이 게송을 의지하여 수행하면 곧 타락하지는 않겠지만 이런 견해를 가지고 위없는 보리를 찾는다면 결코 얻지 못할 것이다. 모름지기 문안으로 들어와야만 자기의 본성을 보느니라. 너는 우선 돌아가 며칠 동안 더 생각하여 다시 한 게송을 지어서 나에게 와 보여라. 만약 문안에 들어와서 자성을 보았다면 마땅히 가사와 법을 너에게 부촉하리라." 하셨다.

신수 상좌는 돌아가 며칠을 지냈으나 게송을 짓지 못하였다.

○ "이 게송을 외는 이는 바야흐로 자성을 본다〔誦此偈者는 方得見性이니라〕."고 함은 오조(五祖)가 대중을 유인하기 위하여 방편으로 하신 말씀이다.

5. 정게(呈偈)
  － 게송을 바침

▼ 有一童子하야 於碓房邊過라가 唱誦此偈어늘 惠能이 一聞에 知未見性(姓)하야 未(卽)識大意라 能이 問童子하되 適來誦者는 是何言偈오 童子答能曰 儞不知아 大師言하되 生死事(是)大라 하야 欲傳衣(於)法하야 令門人等으로 各作一偈하야 來呈看하야 悟大意하면 卽付衣法하야 禀爲六代祖(褐)하리라 有一上座名神秀하야 忽於南廊下에 書無相偈一首러니 五祖(褐)令諸門人으로 盡誦케 하되 悟此偈者는 卽見自性(姓)하리라 依此修行하면 卽得出離라 하니라

한 동자가 방앗간 옆을 지나면서 이 게송을 외고 있었다. 혜능은 한 번 듣고, 이 게송이 견성하지도 못하였고 큰 뜻을 알지도 못한 것임을 알았다. 혜능이 동자에게 묻기를,

"지금 외는 것은 무슨 게송인가?" 하였다. 동자가 혜능에게 대답하여 말하였다.

"너는 모르는가? 큰스님께서 말씀하시기를, 나고 죽는 일이

크니 가사와 법을 전하고자 한다 하시고, 문인들로 하여금 각기 게송 한 수씩을 지어 와서 보이라 하셨다. 큰 뜻을 깨쳤으면 곧 가사와 법을 전하여 육대의 조사로 삼으리라 하셨는데, 신수라고 하는 상좌가 문득 남쪽 복도 벽에 모양 없는 게송〔無相偈〕한 수를 써 놓았더니, 오조스님께서 모든 문인들로 하여금 다 외게 하시고, 이 게송을 깨친 이는 곧 자기의 성품을 볼 것이니, 이 게송을 의지하여 수행하면 나고 죽음을 벗어나게 되리라고 하셨다."

❷ 惠能이 答曰 我此踏碓八箇餘月에 未至堂前하니 望上人은 引惠能至南廊下하야 見此偈禮拜케 하라 亦願誦取하야 結來生緣하야 願生佛地하노라 童子引能至南廊下어늘 能이 卽禮拜此偈하고 爲不識字하야 請一人讀에 惠〔能〕聞(問)已하고 卽識大意라 惠能이 亦作一偈하고 又請得一解書人하야 於西間壁上에 題(提)著하야 呈自本心하니 不識本心하면 學法無益이라 識心自性(姓)이라사 卽悟(吾)大意니라 惠能偈에 曰

　菩提는 本無樹요 明鏡은 亦無臺라
　佛性(姓)은 常淸(靑)淨커니 何處有塵埃리오
又偈曰
　心是菩提樹요 身爲明鏡臺라
　明鏡本淸淨커니 何處染塵埃리오

院內徒(從)衆이 見能作此偈하고 盡怪(怪)어늘 惠能은 却入碓房하니라 五祖(褐)忽見惠能偈(但)하니 即善「知」識大意나 恐衆人知하야 五祖乃謂衆人曰 此亦未得了로다

혜능이 대답하기를,
"나는 여기서 방아 찧기를 여덟 달 남짓 하였으나 아직 조사당 앞에 가 보질 못하였으니, 바라건대 그대는 나를 남쪽 복도로 인도하여 이 게송을 보고 예배하게 하여 주게. 또한 바라건대 이 게송을 외어 내생의 인연을 맺어 부처님 나라에 나기를 바라네." 하였다.

동자가 혜능을 인도하여 남쪽 복도에 이르렀다. 혜능은 곧 이 게송에 예배하였고, 글자를 알지 못하므로 어느 사람에게 읽어 주기를 청하였다. 혜능은 듣고서 곧 대강의 뜻을 알았다. 혜능은 또한 한 게송을 지어, 다시 글을 쓸 줄 아는 이에게 청하여 서쪽 벽 위에 쓰게 하여 자신의 본래 마음을 나타내 보였다. 본래 마음을 모르면 법을 배워도 이익이 없으니, 마음을 알아 자성을 보아야만 곧 큰 뜻을 깨닫느니라.

혜능은 게송으로 말하였다.

보리는 본래 나무가 없고
밝은 거울 또한 받침대 없네.
부처의 성품은 항상 깨끗하거니
어느 곳에 티끌과 먼지 있으리오.

또 게송에서 말하였다.

마음은 보리의 나무요
몸은 밝은 거울의 받침대라.
밝은 거울은 본래 깨끗하거니
어느 곳이 티끌과 먼지에 물들리오.

절 안의 대중들이 혜능이 지은 게송을 보고 다들 괴이하게 여기므로, 혜능은 방앗간으로 돌아갔다. 오조스님이 문득 혜능의 게송을 보시고, 곧 큰 뜻을 잘 알았으나, 여러 사람들이 알까 두려워하시어 대중에게 말씀하시기를, "이도 또한 아니로다!" 하셨느니라.

○ 부처의 성품은 항상 깨끗하거니, 어느 곳에 티끌과 먼지 있으리오〔佛性常淸淨커니 何處有塵埃리오〕… 각 유통본에는 "본래 한 물건도 없거니 어느 곳에 티끌과 먼지 일어나리오〔本來無一物이어니 何處惹塵埃리오〕."로 되어 있다.

6. 수법(受法)
— 법을 받음

▼ 五祖夜至(知)三更에 喚惠能堂內하야 說金剛經이어늘 惠能이 一聞하고 言下에 便悟(伍)하야 其夜受法하니 人盡不知러라 便傳頓法及衣하되 汝爲六代祖하니 衣將爲信하라 稟代代相傳에 法以心傳心하야 當令自悟케 하라 五祖言하되 惠能아 自古傳法에 命(氣)如懸絲하야 若住此間하면 有人害汝하리니 汝卽須速去하라

　오조스님께서 밤중 삼경에 혜능을 조사당 안으로 불러『금강경』을 설해 주시었다. 혜능이 한 번 듣고 말끝에 문득 깨쳐서 그 날 밤으로 법을 전해 받으니 사람들은 아무도 알지 못하였다.
　이내 오조스님은 단박 깨치는 법과 가사를 전하시며 말씀하셨다.
　"네가 육대조사가 되었으니 가사로 신표를 삼을 것이며, 대대로 이어받아 서로 전하되, 법은 마음으로써 마음에 전하여

마땅히 스스로 깨치도록 하라."

오조스님은 또 말씀하셨다.

"혜능아, 예로부터 법을 전함에 있어서 목숨은 실낱에 매달린 것과 같다. 만약 이곳에 머무르면 사람들이 너를 해칠 것이니, 너는 모름지기 속히 떠나라."

▼ 能이 得衣法하고 三更에 發去할새 五祖自送能於九江驛하야 登時에 便五(悟)祖處分하되 汝去努力하야 將法向南하야 三年을 勿弘此法하라 難起(去)하리니 在後弘化하야 善誘迷人하야 若得心開하면 汝悟로 無別하리라 辭違已了하고 便發向南하니라

혜능이 가사와 법을 받고 밤중에 떠나려 하니 오조스님께서 몸소 구강역까지 혜능을 전송해 주시었으며, 떠날 때 문득 오조스님께서 처분을 내리시되,

"너는 가서 노력하라. 법을 가지고 남쪽으로 가되, 삼 년 동안은 이 법을 펴려 하지 말라. 환란이 일어나리라. 뒤에 널리 펴서 미혹한 사람들을 잘 지도하여, 만약 마음이 열리면 너의 깨침과 다름이 없으리라." 하셨다.

이에 혜능은 오조스님을 하직하고 곧 떠나서 남쪽으로 갔다.

▼ 兩月中間에 至大庚(庾)嶺이러니 不知向後에 有數百人來하야 欲擬害(頭)惠能하야 奪衣(於)法이러니 來至半路하

야 盡惚却廻하고 唯有一僧 姓陳 名惠明(順)하니 先은 是 三品將軍이라 性行이 麤惡하야 直至嶺上하야 來趣犯著이어늘 惠能이 卽還法衣하되 又不肯取하고 我故遠來는 求法이요 不要其衣니다 能이 於嶺上에 便傳法惠明(順)한대 惠明(順)이 得聞하고 言下心開어늘 能이 使惠明(順)으로 卽却向北化人來케 하니라

두 달 가량 되어서 대유령에 이르렀는데, 뒤에서 수백 명의 사람들이 쫓아와서 혜능을 해치고 가사와 법을 빼앗고자 하다가 반쯤 와서 다들 돌아간 것을 몰랐었다. 오직 한 스님만이 돌아가지 않았는데 성은 진이요 이름은 혜명이며, 선조는 삼품장군으로, 성품과 행동이 거칠고 포악하여 바로 고갯마루까지 쫓아 올라와서 덮치려 하였다. 혜능이 곧 가사를 돌려주었으나 또한 받으려 하지 않고 "제가 짐짓 멀리 온 것은 법을 구함이요, 그 가사는 필요치 않습니다." 하였다.

혜능이 고갯마루에서 문득 법을 혜명에게 전하니 혜명이 법문을 듣고 말끝에 마음이 열리었으므로, 혜능은 혜명으로 하여금 "곧 북쪽으로 돌아가서 사람들을 교화하라."고 하였다.

○ 박학다문한 대선배인 신수(神秀)를 물리치고 일자무식인 초동목수(樵童牧竪)에게 대법을 전하였으니, 불법은 문자에 있지 않고 견성에 있는 것임을 알겠다.

○ 변전돈법(便傳頓法, 곧 돈법을 전수함) … 『단경』에는 처음부터

끝까지 오직 돈법뿐이요 점법(漸法)은 없으니, 점수(漸修)를 말함은 『단경』의 법이 아니다.

7. 정혜(定慧)

▼ 惠能이 來依(衣)此地하니 與諸官僚(奪)道俗으로 亦有累劫之因이로다 教是先聖(性)所傳이요 不是惠能自知니 願聞先聖(性)教者는 各須淨心하야 聞了願自除(餘)迷하야 如(於)先代悟하라 下是法 惠能大師喚言하되 善知識아 菩提般若之智(知)는 世人이 本自有之로되 卽緣心迷하야 不能自悟하니 須求大善知識하야 示導(道)로 見性하라 善知識아 遇悟卽成智로다

혜능이 이곳에 와서 머무른 것은 모든 관료·도교인·속인들과 더불어 오랜 전생부터 많은 인연이 있어서이다.

가르침은 옛 성인이 전하신 바요 혜능 스스로 안 것이 아니니, 옛 성인의 가르침 듣기를 원하는 이는 각각 모름지기 마음을 깨끗이 하여, 듣고 나서 스스로 미혹함을 없애어 옛 사람들의 깨침과 같기를 바랄지니라.【아래로부터는 법(法)이니라.】

혜능대사가 말씀하셨다.

"선지식들아, 보리반야의 지혜는 세상 사람들이 본래부터 스스로 지니고 있는 것이다. 다만 마음이 미혹하기 때문에 능히 스스로 깨치지 못하는 것이다. 그러므로 모름지기 큰 선지식의 지도를 구하여 자기의 성품을 보아라.

선지식들아, 깨치게 되면 곧 지혜를 이루느니라."

▽ 善知識아 我此法門은 以定慧爲本하나니 第一勿迷言惠定이 別하라 定惠는 體一不二라 卽定是惠體요 卽惠是定用이니 卽惠之時에 定在惠하고 卽定之時에 惠在定이니라 善知識아 此義는 卽是〔定〕惠等이니 學道之人은 作意하되 莫言先定發惠하며 先惠發定하야 定惠各別하라 作此見者는 法有二相이니 口說善하고 心不善하면 惠定不等이요 心口俱善하야 內外一「衆」種이면 定惠卽等이니라 自悟修行은 不在口諍이니 若諍先後하면 卽是〔迷〕人이라 不斷勝負니 却生法我하야 不離四相이니라

선지식들아, 나의 이 법문은 정과 혜로 근본을 삼나니, 첫째로 미혹하여 혜와 정이 다르다고 말하지 말라. 정과 혜는 몸이 하나여서 둘이 아니니라. 곧 정은 이 혜의 몸이요 혜는 곧 정의 씀이니, 곧 혜가 작용할 때 정이 혜에 있고 곧 정이 작용할 때 혜가 정에 있느니라.

선지식들아, 이 뜻은 곧 정·혜를 함께함이니라. 도를 배우는 사람은 짐짓 정을 먼저 하여 혜를 낸다거나 혜를 먼저 하여 정

을 낸다고 해서 정과 혜가 각각 다르다고 말하지 말라. 이런 소견을 내는 이는 법에 두 모양이 있는 것이다. 입으로는 착함을 말하면서 마음이 착하지 않으면 혜와 정을 함께함이 아니요, 마음과 입이 함께 착하여 안팎이 한가지면 정·혜가 곧 함께함이니라.

스스로 깨쳐 수행함은 입으로 다투는 데 있지 않다. 만약 앞뒤를 다투면 이는 곧 미혹한 사람으로 이기고 지는 것을 끊지 못함이니, 도리어 법의 아집이 생겨 네 모양〔四相〕을 버리지 못함이니라.

▼ 一行三昧者는 於一切時中 行住坐(座)臥에 常行直(眞)眞)心이 是니 淨名經에 云 直(眞)心이 是道場이요 直(眞)心이 是淨土라 하니라 莫心行諂曲(典)하고 口說法直하라 口說一行三昧하고 不行直(眞)心하면 非佛弟子니라 但行直(眞)心하야 於一切法에 無「上」有執著이 名一行三昧어늘 迷人은 著法相하야 執一行三昧하야 直(眞)心을 坐不動이라 하며 除妄不起心이 即是一行三昧라 하나니 若如是하면 此法은 同無情(淸)이라 却是障道因緣이니라 道須(順)通流니 何以却滯리오 心〔不〕住在하면 即通流니 住即被(彼)縛이라 若坐不動이 是면 維摩詰이 不合呵舍利弗의 宴坐(座)林中이니라 善知識아 又見有人이 敎人坐(座)하야 看心看淨하며 不動不起라 하야 從此置功하나니 迷人은 不悟하고 便執成顚하야

卽有數百般(盤)하니 如此敎道者는 故知(之)大錯이로다

　일행삼매(一行三昧)란 일상시에 가거나 머무르거나 앉거나 눕거나 항상 곧은 마음을 행하는 것이다.『정명경』에 말씀하시기를, "곧은 마음이 도량이요 곧은 마음이 정토다."라고 하였느니라.
　마음에 아첨하고 굽은 생각을 가지고 입으로만 법의 곧음을 말하지 말라. 입으로는 일행삼매를 말하면서 곧은 마음으로 행동하지 않으면 부처님 제자가 아니니라. 오직 곧은 마음으로 행동하여 모든 법에 집착하지 않는 것을 일행삼매라고 한다. 그러나 미혹한 사람은 법의 모양에 집착하고 일행삼매에 국집하여 앉아서 움직이지 않는 것이 곧은 마음이라고 하며, 망심을 제거하여 마음이 일어나지 않는 것을 일행삼매라고 한다. 만약 이와 같다면 이 법은 무정과 같은 것이므로 도리어 도를 장애하는 인연이니라.
　도는 모름지기 통하여 흘러야 한다. 어찌 도리어 정체할 것인가? 마음이 머물러 있지 않으면 곧 통하여 흐르는 것이요, 머물러 있으면 곧 속박된 것이니라.
　만약 앉아서 움직이지 않음이 옳다고 한다면 사리불이 숲 속에 편안히 앉아 있는 것을 유마힐이 꾸짖었음이 합당하지 않으니라.
　선지식들아, 또한 어떤 사람이 사람들에게 "앉아서 마음을 보고 깨끗함을 보되, 움직이지도 말고 일어나지도 말라."고 가르치고 이것으로 공부를 삼게 하는 것을 본다. 미혹한 사람은 이것을 깨닫지 못하고 문득 거기에 집착하여 전도됨이 곧 수백 가지이니, 이렇게 도를 가르치는 것은 크게 잘못된 것임을 짐짓 알아야 한다.

▼ 善知識아 定惠는 猶如何等고 如燈光하니 有燈卽有光이요 無燈卽無光이라 燈是光之(知)體요 光是燈之用이니 〔名〕卽有二나 體無兩般이라 此定惠法도 亦復如是니라

선지식들아, 정과 혜는 무엇과 같은가? 등불과 그 빛과 같으니라. 등불이 있으면 곧 빛이 있고 등불이 없으면 곧 빛이 없으므로, 등불은 빛의 몸이요 빛은 등불의 작용이다. 이름은 비록 둘이지만 몸은 둘이 아니다. 이 정·혜의 법도 또한 이와 같으니라.

○ 정혜위본(定慧爲本, 정·혜를 근본으로 삼음) … "모든 부처님은 정·혜가 함께 하므로 불성을 밝게 본다〔諸佛世尊은 定慧等故로 明見佛性하니라-涅槃經 二十八〕."고 함과 같이 정혜등지(定慧等持)가 된 부처라야 견성(見性)이므로 정혜로 근본을 삼는다고 한 것이다.
○ 일행삼매(一行三昧)는 행주좌와(行住坐臥)에 정·혜가 등등(等等)한 삼매이다.

8. 무념(無念)
 - 생각 없음

▼ 善知識아 法無頓漸이로되 人有利鈍이라 迷(明)卽漸契(勸)하고 悟人은 頓修하나니 識自本(心)이 是見本性이라 悟卽元無差別이로되 不悟면 卽長劫輪廻니라

선지식들아, 법에는 단박 깨침과 점차로 깨침이 없다. 그러나 사람에 따라 영리하고 우둔함이 있으니, 미혹하면 점차로 계합하고 깨친 이는 단박에 닦느니라. 자기의 본래 마음을 아는 것이 본래의 성품을 보는 것이다. 깨달으면 원래로 차별이 없으나 깨닫지 못하면 오랜 세월을 윤회하느니라.

▼ 善知識아 我自法門은 從上已來로 「頓漸」皆立無念爲(無)宗하야 無相爲(無)體하며 無住「無」爲本이니라 何名(明)無(爲)相고 無相者는 於相而離相이요 無念者는 於念而不念이요 無住者는 爲人本性이 念念不住하나 前念今(念)念後念이 念念相續(讀)하야 無有斷絶하나니 若一念斷絶하면

法身이 卽是離色身이니라 念念時中에 於一切法上無住니 一念若住하면 念念卽住라 名繫縛이요 於一切法上에 念念不住하면 卽無縛也일새 〔是〕以無住로 爲本이니라

선지식들아, 나의 이 법문은 예로부터 모두가 생각 없음〔無念〕을 세워 종(宗)을 삼으며 모양 없음〔無相〕으로 본체를 삼고 머무름 없음〔無住〕으로 근본을 삼느니라.
어떤 것을 모양이 없다고 하는가?
모양이 없다고 하는 것은 모양에서 모양을 떠난 것이다. 없는 생각이라고 하는 것은 생각에 있어서 생각하지 않는 것이요, 머무름이 없다고 하는 것은 사람의 본래 성품이 생각마다 머무르지 않는 것이다. 그러나 지나간 생각과 지금의 생각과 다음의 생각이 서로 이어져 끊어짐이 없나니, 만약 한 생각이 끊어지면 법신이 곧 육신을 떠나느니라.
순간순간 생각할 때 모든 법 위에 머무름이 없나니, 만약 한 생각이라도 머무르면 생각마다에 머무르는 것이므로 얽매임이라고 부르며 모든 법 위에 순간순간 생각이 머무르지 아니하면 곧 얽매임이 없는 것이다. 그러므로 머무름이 없는 것으로 근본을 삼느니라.

▼ 善知識아 外離一切相이 是無相이니 但能離相하면 性體淸淨이라 「是」是以無相爲體니라 於一切境(鏡)上에 不染이 名爲無念이니 於自念上離境(鏡)하야 「不」不於法上念

生이니라 莫百物不思하야 念盡除却하라 一念이 斷하면 卽「無」別處受生이니라 學道者는 用心하야 莫不息法意하라 自錯은 尙可어니와 更勸他人가 迷不自見하고「迷」又謗經法하니 是以立無念爲宗이니라 卽緣迷(名)人이 於境(鏡)上에 有念하고 念上에 便起邪(去耶)見하야 一切塵勞妄念이 從此而生하니라

　선지식들아, 밖으로 모든 모양을 여의는 것이 모양이 없는 것이다. 오로지 모양을 여의기만 하면 자성의 본체는 청정한 것이다. 그러므로 모양이 없는 것으로 본체를 삼느니라.
　모든 경계에 물들지 않는 것을 생각이 없는 것이라고 하나니, 자기의 생각 위에서 경계를 떠나고 법에 대하여 생각이 나지 않는 것이니라. 일백 가지 사물을 생각하지 않고서 생각을 모두 제거하지 말라. 한 생각 끊어지면 곧 다른 곳에서 남(生)을 받게 되느니라.
　도를 배우는 이는 마음을 써서 법의 뜻을 쉬도록 하라. 자기의 잘못은 그렇다 하더라도 다시 다른 사람에게 권하겠는가. 미혹하여 스스로 알지 못하고 또한 경전의 법을 비방하나니, 그러므로 생각 없음을 세워 종을 삼느니라.
　미혹한 사람은 경계 위에 생각을 두고 생각 위에 곧 삿된 견해를 일으키므로 그것을 반연하여 모든 번뇌와 망령된 생각이 이로부터 생기느니라.

▼ 然此敎門은 立無念爲宗하나니 世人이 離見하야 不起於念하야 若無有念하면 無念도 亦不立이니라 無者는 無何事며 念者는 〔念〕何物고 無者는 離二相諸塵勞요 〔念者는 念眞如本性〕이니 眞如는 是念之體요 念是眞如之用이라 〔自〕性(姓)起念하야 雖卽見聞覺知(之)나 不染萬境(鏡)而常自在로다 維摩經에 云 外能善分別諸法相하고 內於第一義而不動이라 하니라

그러므로 이 가르침의 문은 무념(無念)을 세워 종을 삼느니라. 세상 사람이 견해를 여의고 생각을 일으키지 않아서, 만약 생각함이 없으면 생각 없음도 또한 서지 않느니라.

없다 함은 무엇이 없다는 것이고 생각함이란 무엇을 생각하는 것인가?

없다 함은 두 모양의 모든 번뇌를 떠난 것이고, 생각함은 진여의 본성을 생각하는 것으로써, 진여는 생각의 본체요 생각은 진여의 작용이니라. 그러므로 자기의 성품이 생각을 일으켜 비록 보고 듣고 느끼고 아나, 일만 경계에 물들지 않아서 항상 자재하느니라. 『유마경』에 말씀하시기를, "밖으로 능히 모든 법의 모양을 잘 분별하나 안으로 첫째 뜻에 있어서 움직이지 않는다." 하였느니라.

○ 오인돈수(悟人頓修, 깨친 이는 단박에 닦음) … 육조는 불지(佛地)만을 돈오견성(頓悟見性, 단박에 깨쳐서 성품을 봄)으로 인정하였으

며, 불지에는 오후점수(悟後漸修, 깨친 뒤 점차로 닦음)가 없으므로 오인돈수라고 한 것이다.

○ 무념위종(無念爲宗, 생각 없음으로 종을 삼음) … 등각(等覺) 이하의 모든 중생은 모두 망념이 있으므로[金剛已還의 一切衆生은 皆是有念일새] 중생이라 하고, 모든 부처는 다 무념을 얻었으므로 부처라고 이름하느니라.

○ 십지(十地)·등각(等覺)도 유념(有念, 생각이 있음)이요 불지만이 무념(無念, 생각이 없음)이니, 견성은 불지무념(佛地無念)이므로 무념위종이라고 한 것이다.

9. 좌선(坐禪)

▼ 善知(諸)識아 此法門中의 坐(座)禪은 元不著心하며 亦不著淨하며 亦不言〔不〕動하나니 若言看心하면 心元是妄이라 妄如幻(幼)故로 無所看也요 若言看淨하면 人性(姓)은 本淨이로되 爲妄念故로 蓋覆眞如니 離妄念하면 本性(姓)淨이라 不見自性(姓)本淨하고 心起看淨하면 却生淨妄이니라 妄無處所라 故知看者는「看」却是妄也요 淨無形相이어늘 却立淨相하야 言是功夫하면 作此見者는 障(章)自本性(姓)하야 却被淨縛이니라 若不動者는 〔不〕見一切人過患하면 是는 性不動이어니와 迷人은 自身은 不動하나 開口卽說人是非하나니 與道違背로다 看心看淨은 却是障道因緣이니라

선지식들아, 이 법문 중의 좌선은 원래 마음에 집착하지 않고 또한 깨끗함에도 집착하지 않느니라. 또한 움직이지 않음도 말하지 않나니, 만약 마음을 본다고 말한다면, 마음은 원래 허망한 것이며 허망함이 허깨비와 같은 까닭에 볼 것이 없

느니라. 만약 깨끗함을 본다고 말한다면 사람의 성품은 본래 깨끗함에도 허망한 생각으로 진여가 덮인 것이므로 허망한 생각을 여의면 성품은 본래대로 깨끗하느니라. 자기의 성품이 본래 깨끗함은 보지 아니하고 마음을 일으켜 깨끗함을 보면 도리어 깨끗하다고 하는 망상〔淨妄〕이 생기느니라.

망상은 처소가 없다. 그러므로 본다고 하는 것이 도리어 허망된 것임을 알라. 깨끗함은 모양이 없거늘, 도리어 깨끗한 모양을 세워서 이것을 공부라고 말하면 이러한 소견을 내는 이는 자기의 본래 성품을 가로막아 도리어 깨끗함에 묶이게 되느니라.

만약 움직이지 않는 이가 모든 사람의 허물을 보지 않는다면 이는 자성이 움직이지 않는 것이다. 미혹한 사람은 자기의 몸은 움직이지 아니하나 입만 열면 곧 사람들의 옳고 그름을 말하나니, 도와는 어긋나 등지는 것이니라. 마음을 보고 깨끗함을 본다고 하는 것은 도리어 도를 가로막는 인연이니라.

◈ 今記汝하노니 是此法門中에 何名坐(座)禪고 此法門中엔 一切無碍하야 外於一切境界上에 念不起(去)爲坐요 〔內〕見本性(姓)不亂이 爲禪이니라 何名爲禪定고 外離(雜)相曰禪이요 內不亂曰定이니 外若有相하나 內性(姓)不亂하면 本自淨自定이로되 只緣境觸하야 觸卽亂하나니 離相不亂이 卽定이라 外離相이 卽禪이요 內「外」不亂이 卽定이니 外禪內定이 故名禪定이니라 維摩經에 云 卽時(是)豁然하야

還得本心이라 하고 菩薩戒에 云 本源(須)自性(姓)이 淸淨이라 하니 善知識아 見自性(姓)自淨하라 自修自作이 自性(姓)法身이며 自行이 佛行이며 自作自成이 佛道니라

이제 너희들에게 말하나니, 이 법문 가운데 어떤 것을 좌선이라 하는가?
이 법문 가운데는 일체 걸림이 없어서, 밖으로 모든 경계 위에 생각이 일어나지 않는 것이 앉음(坐)이며 안으로 본래 성품을 보아 어지럽지 않은 것이 선(禪)이니라.
어떤 것을 선정이라 하는가?
밖으로 모양을 떠남이 선이요 안으로 어지럽지 않음이 정이다. 설사 밖으로 모양이 있어도 안으로 성품이 어지럽지 않으면 본래대로 스스로 깨끗하고 스스로 정(定)이니라. 그러나 다만 경계에 부딪침으로 말미암아 부딪쳐 곧 어지럽게 되나니, 모양을 떠나 어지럽지 않은 것이 곧 정이니라. 밖으로 모양을 떠나는 것이 곧 선이요 안으로 어지럽지 않은 것이 곧 정이니, 밖으로 선(禪)하고 안으로 정(定)하므로 선정이라고 이름하느니라.
『유마경』에 말씀하시기를, "즉시에 활연히 깨쳐 본래 마음을 도로 찾는다." 하였고, 『보살계』에 말씀하시기를, "본래 근원인 자성이 깨끗하다."고 하였느니라.
선지식들아, 자기의 성품이 스스로 깨끗함을 보아라. 스스로 닦아 스스로 지음이 자기 성품인 법신이며, 스스로 행함이

부처님의 행위이며, 스스로 짓고 스스로 이룸이 부처님의 도
이니라.

　○ 정·혜를 함께한 부처의 무념(無念)만이 선정이요 그 밖의 것
은 모두 번뇌·진로이다.

10. 삼신(三身)
   - 세 몸

▼ 善知識아 惣須自體하야 以(與)受無相戒하되 一時에 逐惠能口道하라 令善知識으로 見自三身佛케 하리라 於自色身에 歸依(衣)淸淨法身佛하며 於自色身에 歸依(衣)千百億化身佛하며 於自色身에 歸依(衣)當來圓滿報身佛하라 已上三唱 色身은 是舍宅이라 不可言歸니 向者三身이 在自法性하야 世人盡有하되 爲迷(名)不見하야 外覓三(身)如來하고 不見自色身中三性佛하나니라 善知識아聽하라 與(汝)善知識說하야 令善知識으로 於(衣)自色身에 見自法性이 有三身(世)佛케 하리라

선지식들아, 모두 모름지기 자기의 몸으로 모양 없는 계(無相戒)를 받되, 다 함께 혜능의 입을 따라 말하라. 선지식들로 하여금 자기의 삼신불(三身佛)을 보게 하리라.
"나의 색신의 청정법신불에 귀의하오며, 나의 색신의 천백억화신불에 귀의하오며, 나의 색신의 당래원만보신불에 귀의합

니다." 하라.【이상 세 번 부름】

색신은 집이므로 귀의한다고 말할 수 없다. 앞의 세 몸은 자기의 법성 속에 있고 세상 사람이 다 가진 것이다. 그러나 미혹하여 보지 못하고 밖으로 세 몸의 부처를 찾고 자기 색신 속의 세 성품의 부처는 보지 못하느니라.

선지식들은 들으라. 선지식들에게 말하여 선지식들로 하여금 자기의 색신에 있는 자기의 법성이 세 몸의 부처를 가졌음을 보게 하리라.

▼ 此三身佛은 從性上生이니 何名淸淨〔法〕身佛고 善知識아 世人의 性이 本自淨하야 萬法이 在自性(姓)이라 思量一切〔惡〕事하면 卽行於(衣)惡하고 思量一切善事하면 便修於善行하나니 知如是一切法이 盡在自性(姓)하야 自性(姓)이 常淸淨하니라 日月常明(名)하되 只爲雲覆蓋하야 上明(名)下暗하야 不能了見日月星(西)辰이라가 忽遇慧(惠)風이 吹散하야 卷盡雲霧하면 萬像森(參)羅가 一時皆現하나니라 世人性淨이 猶如淸天하야 惠如日 智如月하니 智惠常明(名)하되 於外著境(看敬)하야 妄念浮雲이 蓋覆하야 自性(姓)이 不能明이라 故遇善知識이 開眞法하야 吹却迷(名)妄하면 內外明(名)徹하야 於自性(姓)中에 萬法이 皆見하야 一切法의 自在性(姓)이 名爲淸淨法身이니라 自歸依(衣)者除不善行이 是名歸依(衣)니라

이 세 몸의 부처는 자성으로부터 생긴다. 어떤 것을 깨끗한 법신의 부처라고 하는가?

선지식들아, 세상 사람의 성품은 본래 스스로 깨끗하여 만 가지 법이 자기의 성품에 있다. 그러므로 모든 악한 일을 생각하면 곧 악을 행하고 모든 착한 일을 생각하면 문득 착한 행동을 닦는 것이다. 이와 같이 모든 법이 다 자성 속에 있어서 자성은 항상 깨끗함을 알라.

해와 달은 항상 밝으나 다만 구름이 덮이면 위는 밝고 아래는 어두워서 일월성신을 보지 못한다. 그러다가 홀연히 지혜의 바람이 불어 구름과 안개를 다 걷어 버리면 삼라만상이 일시에 모두 나타나느니라.

세상 사람의 자성이 깨끗함도 맑은 하늘과 같아서, 혜(慧)는 해와 같고 지(智)는 달과 같다. 지혜는 항상 밝되 밖으로 경계에 집착하여 망념의 뜬구름이 덮여 자성이 밝지 못할 뿐이다. 그러므로 선지식이 참법문을 열어 주어 미망을 불어 물리쳐 버리면 안팎이 사무쳐 밝아 자기의 성품 가운데 만법이 다 나타나니, 모든 법에 자재한 성품을 청정법신이라 이름하느니라.

스스로 돌아가 의지함이란, 착하지 못한 행동을 없애는 것이며 이것을 이름하여 돌아가 의지함이라 하느니라.

▼ 何名爲千百億化身佛고 不思量하면 性卽空寂이로되 思量하면 卽是自化라 思量惡法하면 化爲地獄이요 思量善法하면 化爲天堂하고 毒害는 化爲畜生하며 慈悲는 化爲菩薩

하며 智惠는 化爲上界하고 愚癡는 化爲下方하야 自性(姓)
變化甚多(名)어늘 迷人은 自不知見이로다 一念善하면 智惠
卽生하나니〔此名自性化身이니라〕

어떤 것을 천백억화신불이라고 하는가?
생각하지 않으면 자성은 곧 비어 고요하지만 생각하면 이는 곧 스스로 변화한다. 그러므로 악한 법을 생각하면 변화하여 지옥이 되고 착한 법을 생각하면 변화하여 천당이 되고 독과 해침은 변화하여 축생이 되고 자비는 변화하여 보살이 되며, 지혜는 변화하여 윗세계가 되고 우치함은 변화하여 아랫나라가 된다. 이같이 자성의 변화가 매우 많거늘, 미혹한 사람은 스스로 알아보지를 못한다.
한 생각이 착하면 지혜가 곧 생기나니, 이것을 이름하여 자성의 화신이라 하니라.

▼〔何名圓滿報身佛〕고 一燈이 能除千年闇하고 一智能
滅萬年愚하나니 莫思向前하고 常思於後하라 常後念善아
名爲報身이니라 一念惡報는 却千年善止(心)하고 一念善報
는 却千年惡滅하나니 無始(常)已來로 後念善이 名爲報身
이니라 從法身思量이 卽是化身이요 念念善이 卽是報身이요
自悟自修 卽名歸依(衣)也라 皮肉은 是色身이며 是舍宅이
라 不在歸依(衣)也니 但悟三身하면 卽識大意(億)로다

어떤 것을 원만한 보신불이라고 하는가?

한 등불이 능히 천년의 어둠을 없애고 한 지혜가 능히 만년의 어리석음을 없애나니, 과거를 생각하지 말고 항상 미래만을 생각하라. 항상 미래의 생각이 착한 것을 이름하여 보신이라고 하느니라.

한 생각의 악한 과보는 천년의 착함을 물리쳐 그치게 하고 한 생각의 착한 과보는 천년의 악을 물리쳐 없애나니, 비롯함이 없는 때로부터 미래의 생각이 착함을 보신이라고 이름 하느니라.

법신을 좇아 생각함이 곧 화신이요, 순간순간의 생각마다 착한 것이 곧 보신이요, 스스로 깨쳐 스스로 닦음이 곧 돌아가 의지하는 것이다. 가죽과 살은 색신이며 집이므로 귀의할 곳이 아니다. 다만 세 몸을 깨치면 곧 큰 뜻을 아느니라.

○ 내외명철(內外明徹, 안팎이 사무쳐 밝음)은 묘각(妙覺)이니 불교의 구경(究竟)이다. "시방세계 및 몸과 마음이 깨끗한 유리처럼, 내외명철을 식음(識陰)이 다하였다고 이름하나니, 부처님의 묘장엄해에 들어가 보리를 원만케 하느니라〔十方世界와 及身心이 如吠瑠璃하야 內外明徹을 名識陰盡이니 入於如來妙莊嚴海하야 圓滿菩提니라 -楞嚴經 10〕."

"깨끗한 유리 속에 밝은 달을 담은 것 같으면 문득 지위를 초월하여 과해(果海)에 들어가 무소득에 돌아가나니, 바야흐로 구경 극칙이라고 이름하느니라〔如淨瑠璃內含寶月하면 便超越地位하야 入

於果海하야 歸無所得이니 方名究竟極則이니라 -憨山楞嚴通議 10〕."

"만약에 식음이 다하면 바야흐로 지위를 넘어 얻은 바가 없이 구경을 원만성취하여 깨끗한 유리에 보배달을 담음과 같으니라〔若得識陰盡하면 方超地位하야 了無所得하야 究竟圓成하야 如淨瑠璃 內含寶月하니라 -宗鏡錄 88〕."

"수정영락은 안팎이 사무쳐 밝아서 묘각에 항상 머무르나니, 일체 지혜의 지위라고 이름 하느니라〔水晶瓔珞은 內外明徹하야 妙覺에 常住하니 名一切智地니라 -瓔珞經 上〕."

○ 육조스님은 내외명철을 청정법신이라고 하였다. 이는 불교의 구경인 원교불상(圓敎佛相, 원교의 부처님 모습)이다.

"묘각의 지위에 들어가서 청정법신을 성취하니, 원교불상이니라〔入妙覺位하야 成淸淨法身하니 圓敎佛相也니라 -天台四敎儀 圓敎章 1〕."

○ 조사스님의 말씀을 구차하게 교리에 배합할 필요가 없다고 생각할는지 모른다. 그러나 육조스님이 강조하신 내외명철은 불교의 구경극칙인 원교묘각(圓敎妙覺)이다. 육조스님은 내외명철이라야 식심견성(識心見性, 마음을 알아 성품을 봄)이라고 하였으니, 종문의 표방(標榜)인 견성(見性)은 불교의 구경묘각 즉 성불(究竟妙覺卽成佛)임이 분명하다.

11. 사원(四願)
- 네 가지 원

▼ 今旣自歸依三身佛已하니 與善知識으로 發四弘大願하리라 善知識아 一時에 逐惠能道하라 衆生無邊誓願度하며 煩惱無邊誓願斷하며 法門無邊誓願學하며 無上佛道誓願成이로다 三唱 善知識아 衆生無邊誓願度는 不是惠能이 度 善知識이라 心中衆生을 各於自身에 自性(姓)自度니라 何名自性(姓)自度오 自色身中의 邪見煩惱와 愚癡迷(名)妄에 自有本覺性하야 將正見度니라 旣悟正見 般若之智하야 除却愚癡迷妄하면 衆生의 各各自度라 邪來(見)면 正度하고 迷來면 悟度하며 愚來智度하고 惡來善度하며 煩惱來菩提(薩)度하나니 如是度者 是名眞度니라 煩惱無邊誓願斷은 自心에 除虛妄이요 法門無邊誓願學은 學無上正法이요 無上佛道誓願成은 常下心行하야 恭敬一切하야 遠離迷執하야 覺知生般若하야 除却迷妄이니 卽自悟佛道成하야 行誓願力이니라

이제 이미 스스로 삼신불에 귀의하여 마쳤으니, 선지식들과 더불어 네 가지 넓고 큰 원을 발하리라.
선지식들아, 다 함께 혜능을 따라 말하라.

무량한 중생 다 제도하기를 서원합니다.
무량한 번뇌 다 끊기를 서원합니다.
무량한 법문 다 배우기를 서원합니다.
위없는 불도 이루기를 서원합니다. 【이상 세 번 부름】

선지식들아,
무량한 중생을 맹세코 다 제도한다 함은 혜능이 선지식들을 제도하는 것이 아니라, 마음속의 중생을 각기 자기의 몸에 있는 자기의 성품으로 스스로 제도하는 것이니라.
어떤 것을 자기의 성품으로 스스로 제도한다고 하는가?
자기 육신 속의 삿된 견해와 번뇌와 어리석음과 미망에 본래의 깨달음의 성품을 스스로 가지고 있으므로 바른 생각으로 제도하는 것이니라.
이미 바른 생각인 반야의 지혜를 깨쳐서 어리석음과 미망을 없애 버리면 중생을 저마다 스스로 제도한 것이니라. 삿됨이 오면 바름으로 제도하고 미혹함이 오면 깨침으로 제도하고, 어리석음이 오면 지혜로 제도하고 악함이 오면 착함으로 제도하며 번뇌가 오면 보리로 제도하나니, 이렇게 제도함을 진실한 제도라고 하느니라.

무량한 번뇌를 맹세코 다 끊는다 함은 자기의 마음에 있는 허망함을 제거하는 것이고, 무량한 법문을 맹세코 다 배운다 함은 위없는 바른 법을 배우는 것이다. 위없는 불도(佛道)를 맹세코 이룬다 함은 항상 마음을 낮추는 행동으로 일체를 공경하며 미혹한 집착을 멀리 여의고, 깨달아 반야가 생겨 미망함을 없애는 것이다. 곧 스스로 깨쳐 불도를 이루어 맹세코 바라는 힘(誓願力)을 행하는 것이니라.

12. 참회(懺悔)

❷ 今旣發四弘誓願訖하니 與善知識으로 無相懺悔하야〔滅〕三世罪障케 하리라 大師言하되 善知識아 前念後念及今念이 念〔念〕不被愚迷染하야 從前惡行을 一時〔永斷〕하야 自性(姓)에 若除하면 卽是懺悔요 前念後念及今念이 念念〔不〕被愚癡染하야 除却從前矯誑心하라 永斷名爲自性懺이요 前念後念及〔今念〕이 念念不被疽妬(疽疾)染하야 除却從前疾妬(垢)心하라 自性에 若除하면 卽是懺이니라 已上三唱 善知識아 何名懺悔오 〔懺〕者는 終身不作이요 悔者는 知於前非니 惡業을 恒不離心하면 諸佛前에 口說無益이라 我此法門中엔 永斷不作이 名爲懺悔니라

지금 이미 사홍서원 세우기를 마쳤으니 선지식들에게 '무상참회(無相懺悔, 모양 없는 참회)'를 주어서 삼세의 죄장을 없애게 하리라.

대사께서 말씀하셨다.

"선지식들아, 과거의 생각과 미래의 생각과 현재의 생각이 생각마다 우치와 미혹에 물들지 않고, 지난날의 나쁜 행동을 일시에 영원히 끊어서 자기의 성품에서 없애 버리면 이것이 곧 참회니라. 과거의 생각과 미래의 생각과 현재의 생각이 생각마다 어리석음에 물들지 않고 지난날의 거짓과 속이는 마음을 없애도록 하라. 영원히 끊음을 이름하여 자성의 참회라고 한다. 과거의 생각, 미래의 생각과 현재의 생각이 생각마다 질투에 물들지 않아서 지난날의 질투하는 마음도 없애도록 하라. 자기의 성품에서 만약 없애 버리면 이것이 곧 참회이니라.【이상 세 번 부름】

선지식들아, 무엇을 이름하여 참회라고 하는가?

참(懺)이라고 하는 것은 종신토록 잘못을 짓지 않는 것이요, 회(悔)라고 하는 것은 과거의 잘못을 아는 것이다. 나쁜 죄업을 항상 마음에서 버리지 않으면 모든 부처님 앞에서 입으로 말하여도 이익이 없느니라. 나의 이 법문 가운데는 영원히 끊어서 짓지 않음을 이름하여 참회라 하느니라."

○ 견성을 하여 업식종자(業識種子)가 전부 소멸하여야만 참다운 참회이다.

13. 삼귀(三歸)
- 삼귀의

▼ 今旣懺悔已하니 與善知識으로 授(受)無相三歸依戒
케 하리라 大師言하되 善知(智)識아 歸依(衣)覺兩足尊하며
歸依(衣)正離欲〔尊〕하며 歸依(衣)淨衆中尊하라 從今已後
로는 稱佛爲師하야 更不歸依(衣)餘邪迷(名)外道하노니 願
自〔性〕三寶는 慈悲證(燈)明(名)하라 善知識아 惠能이 勸
「善」善知識하야 歸依(衣)〔自性〕三寶하노니 佛者는 覺也요
法者는 正也요 僧者는 淨也니라

지금 이미 참회하기를 마쳤으니 선지식들을 위하여 '무상삼귀의계(無相三歸依戒, 모양이 없는 삼귀의계)'를 주리라.
대사께서 말씀하셨다.
"선지식들아, '깨달음의 양족존께 귀의하오며, 바름의 이욕존께 귀의하오며, 깨끗함의 중중존께 귀의합니다.
지금 이후로는 부처님을 스승으로 삼고 다시는 삿되고 미혹한 외도에게 귀의하지 않겠사오니, 바라건대 자성의 삼보께서

는 자비로써 증명하소서' 하라.

　선지식들아, 혜능이 선지식들에게 권하여 자성의 삼보에게 귀의하게 하나니, 부처란 깨달음이요 법이란 바름이며 승이란 깨끗함이니라."

▼ 自心이 歸依覺하야 邪迷(名)不生하며 少欲知足하야 離財離色이 名兩足尊이요 自心이 歸正하야 念念無邪故로 卽無愛著이니 以無愛著이 名離欲尊이요 自心이 歸淨하야 一切塵勞妄念이 雖在自性(姓)이나 自性(姓)이 不染著이 名衆中尊이니라 凡夫는 〔不〕解하고 從日至日하야 受三歸依(衣)戒하나니 若言歸佛인댄 佛在何處며 若不見佛하면 卽無所歸니 旣無所歸면 言却是妄이니라 善知識아 各自觀察하야 莫錯用意하라 經中에 只卽言自歸依佛이요 不言歸他佛이니 自性(姓)에 不歸하면 無所歸處니라

　자기의 마음이 깨달음에 귀의하여 삿되고 미혹이 나지 않고 적은 욕심으로 넉넉한 줄을 알아, 재물을 떠나고 색을 떠나는 것을 양족존이라고 한다. 자기의 마음이 바름으로 돌아가 생각마다 삿되지 않으므로 곧 애착이 없나니, 애착이 없는 것을 이욕존이라고 한다. 자기의 마음이 깨끗함으로 돌아가 모든 번뇌와 망념이 비록 자성에 있어도 자성이 그것에 물들지 않는 것을 중중존이라고 하느니라. 범부는 이것을 알지 못하고 날이면 날마다 삼귀의계를 받는다. 그러나 만약 부처님에게

귀의한다고 할 때는 부처가 어느 곳에 있으며, 만약 부처를 보지 못한다면 곧 귀의할 바가 없느니라. 이미 귀의할 바가 없으면 그 말이란 도리어 허망될 뿐이니라.

 선지식들아, 각각 스스로 관찰하여 그릇되게 마음을 쓰지 말라. 경의 말씀 가운데 "오직 스스로의 부처님께 귀의한다." 하였고 다른 부처에게 귀의한다고 말하지 않았으니, 자기의 성품에 귀의하지 아니하면 돌아갈 바가 없느니라.

14. 성공(性空)
- 성품이 빔

▽ 今旣自歸依(衣)三寶하니 惣各各至心이라 與善知識으로 說摩訶般若波羅蜜法하리라 善知識아 雖念이나 不解라 惠能與說하리니 各各聽하라 摩訶般若波羅蜜者는 西國梵語니 唐言에 大智惠彼岸到라 此法은 須行이요 不在口[念]이니 口念不行하면 如[幻]如化요 修行者는 法身과 與佛로 等也로다 何名摩訶오 摩訶者는 是大니 心量이 廣大하야 猶如虛空하나 莫空(定)心坐(座)하라 卽落無記(旣)空이니라 [虛空]이 能含日月星辰과 大地山河(何)와 一切草木과 惡人善人과 惡法善法과 天堂地獄하야 盡在空中하나니 世人性空도 亦復如是니라

　지금 이미 삼보에게 스스로 귀의하여 모두들 지극한 마음들일 것이니 선지식들을 위하여 마하반야바라밀법을 설하리라.
　선지식들아, 비록 마하반야바라밀법을 생각은 하나 알지 못하므로 혜능이 설명하여 주리니, 각각 잘 들으라.

마하반야바라밀이란 서쪽 나라의 범어이다. 당나라 말로는 '큰 지혜로 저 언덕에 이른다'는 뜻이니라. 이 법은 모름지기 실행할 것이요 입으로 외는 데 있지 않다. 입으로 외고 실행하지 않으면 꼭두각시와 같고 허깨비와 같으나, 닦고 행하는 이는 법신과 부처와 같으니라.

어떤 것을 '마하'라고 하는가?

마하란 큰 것이다. 마음의 한량이 넓고 커서 허공과 같으나 빈 마음으로 앉아 있지 말라. 곧 무기공에 떨어지느니라.

허공은 능히 일월성신과 대지산하와 모든 초목과 악한 사람과 착한 사람과 악한 법과 착한 법과 천당과 지옥을 그 안에 다 포함하고 있다. 세상 사람의 자성이 빈 것도 또한 이와 같으니라.

▼ 性含萬法이 是大니 萬法이 盡是自性(姓)이라 見一切人及非人과 惡之(知)與善과 惡法善法하되 盡皆不捨하며 不可染著하야 猶(由)如虛空하야 名之爲大니 此是摩訶行이라 迷人은 口念하고 智者는 心〔行〕하나니라 又有迷(名)人하야 空心不思를 名之爲大하니 此亦不是로다 心量이 〔廣〕大어늘 不行하면 是小(少)라 莫口空說하고 不修此行하라 非我弟子니라

자성이 만법을 포함하는 것이 곧 큰 것이며 만법 모두가 다 자성인 것이다. 모든 사람과 사람 아닌 것과 악함과 착함과 악

한 법과 착한 법을 보되, 모두 다 버리지도 않고 그에 물들지도 아니하여 마치 허공과 같으므로 크다고 하나니, 이것이 곧 큰 실행이니라.

미혹한 사람은 입으로 외고 지혜 있는 이는 마음으로 행하느니라. 또 미혹한 사람은 마음을 비워 생각하지 않는 것을 크다고 하나, 이도 또한 옳지 않으니라.

마음의 한량이 넓고 크다고 하여도, 행하지 않으면 곧 작은 것이다. 입으로만 공연히 말하면서 이 행을 닦지 아니하면 나의 제자가 아니니라.

15. 반야(般若)

▽ 何名般若오 般若는 是智惠니 一〔切〕時中에 念念不愚하야 常行智惠가 卽名般若行이라 一念愚하면 卽般若絶하고 一念智하면 卽般若生이어늘 心中常愚하되 〔自言〕我修로다 般若는 無形相이니 智惠性이 卽是라 何名波羅蜜고 此是西國梵音이니 言彼岸到라 解義하면 離生滅이니 著境(竟)하면 生滅起(去)하야 如水有波浪하니 卽是於此岸이요 離境하면 無生滅하야 如水承長流하니 故卽名到彼岸일새 故名波羅蜜이니라

어떤 것을 반야라고 하는가?

반야는 지혜이다. 모든 때에 있어서 생각마다 어리석지 않고 항상 지혜를 행하는 것을 곧 반야행이라고 하느니라.

한 생각이 어리석으면 곧 반야가 끊기고 한 생각이 지혜로우면 곧 반야가 나거늘, 마음속은 항상 어리석으면서 '나는 닦는다'고 스스로 말하느니라.

반야는 형상이 없나니, 지혜의 성품이 바로 그것이니라.
어떤 것을 바라밀이라고 하는가?
이는 서쪽 나라의 범음으로 '저 언덕에 이른다'는 뜻이니라.
뜻을 알면 생멸을 떠난다. 경계에 집착하면 생멸이 일어나서 물에 파랑이 있음과 같나니, 이는 곧 이 언덕이요, 경계를 떠나면 생멸이 없어서 물이 끊이지 않고 항상 흐름과 같나니, 곧 저 언덕에 이른다고 이름하며, 그러므로 바라밀이라고 이름하느니라.

▼ 迷人은 口念하고 智者는 心行하나니 當念時有妄하면 有妄은 卽非眞有요 念念若行이 是名眞有니라 悟此法者는 悟般若法이며 修般若行이니 不修卽凡이요 一念修行하면 法身과 等佛이니라 善知識아 卽煩惱是菩提니 捉前念이 迷卽凡이요 後念이 悟卽佛이니라 善知識아 摩訶般若波羅蜜은 最尊最上第一이라 無住無去無來하야 三世諸佛이 從中出하야 將大智(知)惠到彼岸하야 打破五陰煩惱塵勞하니 最尊最上第一이니라 讚最上하야 最上乘法을 修行하면 定成佛하야 無去無住無來往하나니 是는 定惠等하야 不染一切法일새 三世諸佛이 從中變三毒하야 爲戒定惠니라

미혹한 사람은 입으로 외고 지혜로운 이는 마음으로 행한다. 생각할 때 망상이 있으면 그 망상이 있는 것은 곧 진실로 있는 것이 아니다. 생각 생각마다 행한다면 이것을 진실이 있

다고 하느니라.

이 법을 깨친 이는 반야의 법을 깨친 것이며 반야의 행을 닦는 것이다. 닦지 않으면 곧 범부요 한 생각 수행하면 법신과 부처와 같으니라.

선지식들아, 번뇌가 곧 보리니, 앞생각을 붙잡아 미혹하면 곧 범부요 뒷생각에 깨달으면 곧 부처이니라.

선지식들아, 마하반야바라밀은 가장 높고 가장 으뜸이며 제일이라, 머무름도 없고 가고 옴도 없다. 삼세의 모든 부처님이 다 이 가운데로부터 나와 큰 지혜로써 저 언덕에 이르러 오음의 번뇌와 진로를 쳐부수나니, 가장 높고 가장 으뜸이며 제일이니라.

가장 으뜸임을 찬탄하여 최상승법을 수행하면 결정코 성불하여, 감도 없고 머무름도 없으며 내왕 또한 없나니, 이는 정과 혜가 함께하여 일체법에 물들지 않음이라, 삼세의 모든 부처님이 이 가운데서 삼독을 변하게 하여 계·정·혜로 삼느니라.

▼ 善知識아 我此法門은 從八萬四千智惠하나니 何以故오 爲世有八萬四千塵勞니 若無塵勞면 般若常在하야 不離自性(姓)하나라 悟此法者는 卽是無念이라 無憶(億)無著하야 莫起(去)誑妄하면 卽自是眞如性(姓)이라 用智(知)惠觀照하야 於一切法에 不取不捨하나니 卽見性(姓)成佛道니라

선지식들아, 나의 이 법문은 팔만사천의 지혜를 좇느니라.

무엇 때문인가?

세상에 팔만사천의 진로(塵勞)가 있기 때문이다. 만약 진로가 없으면 반야가 항상 있어서 자성을 떠나지 않느니라. 이 법을 깨친 이는 곧 무념이니라. 기억과 집착이 없어서 거짓되고 허망함을 일으키지 않나니 이것이 곧 진여의 성품이다. 지혜로써 보고 비추어 모든 법을 취하지도 아니하고 버리지도 않나니, 곧 자성을 보아 부처님 도를 이루느니라.

○ 오즉불(悟卽佛, 깨치면 곧 부처) … 육조는 불지(佛地) 이외는 깨달음(悟)으로 인정하지 않는다.
○ 최상최존(最上最尊, 가장 으뜸이고 가장 높음) … 육조가 설하신 법문의 전체를 두고 말함이다.

16. 근기(根機)

▼ 善知識아 若欲入甚深法界하며 入般若三昧者는 直修 般若波羅蜜行이니 但持金剛般若波羅蜜經一卷하면 卽 得見性하야 入般若三昧니라 當知此人功德은 無量하야 經 中에 分明(名)讚嘆하니 不能具說이니라 此是最上乘法이 니 爲大智上根人說이라 小(少)根智人은 若聞〔此〕法하면 心不生信하나니 何以故오 譬如大龍이 若下大雨하야 雨於 (衣)閻浮提하면 如漂草葉이요 若下大雨하야 雨於(放)大 海하면 不增不減이니라 若大乘者는 聞說金剛經하고 心開 悟解라 故知本性이 自有般若之智하야 自用智(知)惠觀照 하고 不假文字하나니 譬如其雨水不從天(無)有라 元是龍 王이 於江海中에 將身引此水하야 令一切衆生과 一切草木 과 一切有情無情으로 悉皆蒙(像)潤하야 諸水衆流가 却入 大海하야 海納衆水하야 合爲一體니 衆生本性 般若之智도 亦復如是니라

선지식들아, 만약 매우 깊은 법의 세계에 들고자 하고 반야 삼매에 들고자 하는 사람은 바르게 반야바라밀의 행을 닦을 것이며 오로지 『금강반야바라밀경』 한 권만 지니고 읽으면 곧 자성을 보아 반야삼매에 들어가느니라.

이 사람의 공덕이 한량없음을 마땅히 알아야 한다. 경에서 분명히 찬탄하였으니, 능히 다 갖추어 설명하지 못하느니라.

이것은 최상승법으로써 큰 지혜와 높은 근기의 사람을 위하여 설한 것이다. 만약 근기와 지혜가 작은 사람이 이 법을 들으면 마음에 믿음이 나지 않나니, 무엇 때문인가?

비유하면 마치 큰 용이 큰비를 내리는 것과 같다. 염부제에 비가 내리면 풀잎이 떠다니듯 하고, 만약 큰비가 큰 바다에 내리면 불지도 않고 줄지도 않는 것과 같으니라.

대승의 사람은 『금강경』 설하는 것을 들으면 마음이 열려 깨치고 안다. 그러므로 본래 성품이 스스로 반야의 지혜를 지니고 있어서 스스로 지혜로써 보고 비추어서 문자를 빌리지 않음을 알라.

비유컨대, 그 빗물이 하늘에 있는 것이 아님과 같다. 원래 용왕이 강과 바다 가운데서 이 물을 몸으로 이끌어 모든 중생과 모든 초목과 모든 유정·무정을 다 윤택하게 하고, 그 모든 물의 여러 흐름이 다시 큰 바다에 들어가고 바다는 모든 물을 받아들여 한 몸으로 합쳐지는 것과 같나니, 중생의 본래 성품인 반야의 지혜도 또한 이와 같으니라.

▼ 小(少)根之人은 聞說此頓敎하면 猶如大地草木根性自小(少)者가 若被大雨一沃하면 悉皆自倒(到)하야 不能增長이라 小(少)根之人도 亦復如是하나 有般若之智는「之」與大智之人으로 亦無差別이어늘 因何聞法卽不悟오 緣邪見障重하고 煩惱根深하야 猶如大雲이 蓋覆於日하야 不得風吹하면 日無能現이니 般若之智도 亦無大小로되 爲一切衆生이 自有迷心하야 外修覓佛하고 未(來)悟自性이니 卽是小根人이라도 聞其頓敎하고 不信外修하야 但於自心에 令自本性으로 常起正見하면 煩惱塵勞衆生이 當時盡悟하야 猶如大海納於衆流하야 小水大水合爲一體라 卽是見性하면 內外不住하며 來去自由하야 能除執心하야 通達無碍하나니 心修此行하면 卽與般若波羅蜜經으로 本無差別하니라

　근기가 작은 사람은 단박에 깨치는 이 가르침을 들으면, 마치 근성이 작은 대지의 초목이 큰비를 맞고 모두 다 저절로 거꾸러져서 자라지 못함과 같나니, 작은 근기의 사람도 또한 이와 같으니라.
　반야의 지혜가 있는 점은 큰 지혜를 가진 사람과 또한 차별이 없거늘, 무슨 까닭으로 법을 듣고도 곧 깨치지 못하는가?
　삿된 소견의 장애가 무겁고 번뇌의 뿌리가 깊기 때문이다. 마치 큰 구름이 해를 가려, 바람이 불지 않으면 해가 능히 나타나지 못하는 것과 같다. 반야의 지혜도 또한 크고 작음이 없으나 모든 중생이 스스로 미혹한 마음이 있어서 밖으로 닦

아 부처를 찾으므로 자기의 성품을 깨닫지 못하느니라.

그러나 이같이 근기가 작은 사람일지라도 단박에 깨치는 가르침을 듣고 밖으로 닦는 것을 믿지 아니하고, 오직 자기의 마음에서 자기의 본성으로 하여금 항상 바른 견해를 일으키면 번뇌·진로의 중생이 모두 다 당장에 깨치느니라. 마치 큰 바다가 모든 물의 흐름을 받아들여서 작은 물과 큰물이 합하여 한 몸이 되는 것과 같으니라.

곧 자성을 보면 안팎에 머무르지 아니하며 오고 감에 자유로워 집착하는 마음을 능히 없애어 통달하여 거리낌이 없나니, 마음으로 이 행을 닦으면 곧 『반야바라밀경』과 더불어 본래 차별이 없느니라.

○ 반야삼매(般若三昧) … 식심견성(識心見性)하면 반야삼매(般若三昧)라고 육조는 말했다.

17. 견성(見性)
 - 성품을 봄

▼ 一切經書及文字와 小大二乘과 十二部經이 皆因〔人〕置니 因智惠性故로 故「然」能建立이라 我若無하면 智人과 一切萬法이 本無不有니 故知萬法이 本因(從)人興이요 一切經書因人說有니 緣在人中有「有」愚有智라 愚爲小(少)故로 智爲大人이니라 迷人問(問迷人)於智者하고 智人이 與愚人說法하야 令使愚者로 悟解心(深)開하나니 迷人이 若悟心開하면 與大智人無別이라 故知不悟하면 卽「是」佛是衆生이요 一念若悟하면 卽衆生「不」是佛이니라 故知一切萬法이 盡在自身心中하나니 何不從於自心하야 頓現眞如本性(姓)고 菩薩戒經에 云 我本源(願)自性(姓)이 淸淨이라 하니 識心見性하면 自成佛道니라 卽時豁然하야 還得本心이로다

모든 경서 및 문자와 소승과 대승과 십이부의 경전이 다 사람으로 말미암아 있게 되었나니, 지혜의 성품에 연유한 까닭으로 능히 세운 것이니라. 만약 내〔我〕가 없다면 지혜 있는 사

람과 모든 만법이 본래 없을 것이다. 그러므로 만법이 본래 사람으로 말미암아 일어난 것이요, 일체 경서가 사람으로 말미암아 '있음'을 말한 것임을 알아야 하느니라.

사람 가운데는 어리석은 이도 있고 지혜로운 이도 있기 때문에, 어리석으면 작은 사람이 되고 지혜로우면 큰 사람이 되느니라.

미혹한 사람은 지혜 있는 이에게 묻고 지혜 있는 사람은 어리석은 사람을 위하여 법을 설하여 어리석은 이로 하여금 깨쳐서 알아 마음이 열리게 한다. 미혹한 사람이 만약 깨쳐서 마음이 열리면 큰 지혜를 가진 사람과 더불어 차별이 없느니라.

그러므로 알라! 깨치지 못하면 부처가 곧 중생이요 한 생각 깨치면 중생이 곧 부처니라. 그러므로 알라! 모든 만법이 다 자기의 몸과 마음 가운데 있느니라. 그럼에도 어찌 자기의 마음을 좇아서 진여의 본성을 단박에 나타내지 못하는가? 『보살계경』에 말씀하기를, "나의 본래 근원인 자성이 청정하다."고 하였다. 마음을 알아 자성을 보면 스스로 부처의 도를 성취하나니, 당장 활연히 깨쳐서 본래의 마음을 도로 찾느니라.

○ 오즉시불(悟卽是佛, 깨치면 곧 부처) … 누차 언급한 바이지만, 육조의 깨달음은 불지(佛地)뿐이요 십지·등각은 깨달은 경지가 아니니다.

18. 돈오(頓悟)
- 단박에 깨침

▼ 善知識아 我於忍和尚處에 一聞하고 言下에 大悟(伍)하야 頓見眞如本性이라 是故將此(汝)敎法하야 流行後代하야 令(今)學道者로 頓悟(伍)菩提하야 各自觀心하야 令自本性을 頓悟케 하니라 若(不)能自悟者는 須覓大善知識示導(亦道)로 見性(姓)이니라 何名大善知(識)고 解最上乘法이 直示正路가 是大善知識이며 是大因緣이라 所謂(爲) 化導(道)令得見佛이니 一切善法이 皆因大善知識能發起라 故三世諸佛과 十二部經이 云在人性中하야 本自具有로되 不能自性(姓)悟하면 須得善知識示導(道)하야 見性이니라 若自悟者는 不假外善知識이니 若取外求善知識하야 望得解脫(說)하면 無有是處요 識自心內善知識하면 即得解(脫)이니라 若自心이 邪迷하야 妄念顚倒하야 外善知識이 即有敎授라도「汝若」不得自悟어든 當起般若觀照하면 刹

那間에 妄念이 俱滅하야 卽是自眞正善知識이라 一悟卽知佛也니라

 선지식들아, 나는 오조 홍인화상의 회하에서 한 번 듣자 그 말끝에 크게 깨쳐 진여의 본래 성품을 단박에 보았느니라. 그래서 이 가르침의 법을 뒷세상에 유행시켜 도를 배우는 이로 하여금 보리를 단박 깨쳐서 각기 스스로 마음을 보아 자기의 성품을 단박 깨치게 하는 것이다.
 만약 능히 스스로 깨치지 못하는 이는 모름지기 큰 선지식을 찾아서 지도를 받아 자성을 볼 것이니라.
 어떤 것을 큰 선지식이라고 하는가?
 최상승법이 바른 길을 곧게 가리키는 것임을 아는 것이 큰 선지식이며 큰 인연이다. 이는 이른바 교화하고 지도하여 부처를 보게 하는 것이니, 모든 착한 법이 다 선지식으로 말미암아 능히 일어나느니라.
 그러므로 삼세의 모든 부처와 십이부의 경전들이 사람의 성품 가운데 본래부터 스스로 갖추어져 있다고 말할지라도, 능히 자성을 깨치지 못하면 모름지기 선지식의 지도를 받아서 자성을 볼지니라.
 만약 스스로 깨친 이라면 밖으로 선지식에 의지하지 않는다. 밖으로 선지식을 구하여 해탈 얻기를 바란다면 옳지 않다. 자기 마음속의 선지식을 알면 곧 해탈을 얻느니라.
 만약 자기의 마음이 삿되고 미혹하여 망념으로 전도되면

밖의 선지식이 가르쳐 준다 하여도 스스로 깨치지 못할 것이니, 마땅히 반야의 관조를 일으키라. 잠깐 사이에 망념이 다 없어질 것이니, 이것이 곧 자기의 참 선지식이라, 한 번 깨침에 곧 부처를 아느니라.

▼ 自性心地가 以智惠觀照하야 內外明(名)徹하면 識自本心이요 若識本心하면 卽是解脫이요 旣得解脫하면 卽是般若三昧요 悟般若三昧하면 卽是無念이니 何名無念고 無念法者는 見一切法하되 不著一切法하며 遍一切處하되 不著一切處하고 常淨自性하야 使六賊으로 從六門走出하야 於六塵中에 不離不染하야 來去自由가 卽是般若三昧며 自在解脫이니 名無念行이니라 莫百物不思하야 常(當)令念絕하라 卽是法縛(傳)이니 卽名邊見이니라 悟無念法者는 萬法盡通하며 悟無念法者는 見諸佛境界하며 悟無念頓法者는 至佛位地니라

자성의 마음자리가 지혜로 관조하여 안팎이 사무쳐 밝으면 자기의 본래 마음을 알고, 만약 본래 마음을 알면 이것이 곧 해탈이며, 이미 해탈을 얻으면 이것이 곧 반야삼매며, 반야삼매를 깨치면 이것이 곧 무념이니라.
　어떤 것을 무념이라고 하는가?
　무념법이란 모든 법을 보되 그 모든 법에 집착하지 않으며, 모든 곳에 두루하되 그 모든 곳에 집착치 않고 항상 자기의

성품을 깨끗이 하여 여섯 도적들로 하여금 여섯 문으로 달려 나가게 하나 육진 속을 떠나지도 않고 물들지도 않아서 오고 감에 자유로운 것이다. 이것이 곧 반야삼매이며 자재해탈이니 무념행이라고 이름 하느니라.

온갖 사물을 생각하지 않음으로써 항상 생각이 끊어지도록 하지 말라. 이는 곧 법에 묶임이니 곧 변견이라고 하느니라.

무념법을 깨친 이는 만법에 다 통달하고, 무념법을 깨친 이는 모든 부처의 경계를 보며, 무념의 돈법을 깨친 이는 부처의 지위에 이르느니라.

○ 돈견본성(頓見本性, 본래 성품을 단박에 봄) … 내외명철하면 이것이 곧 식심(識心, 마음을 앎)·해탈·무념이고, 무념은 곧 불지라 하였다. 내외명철은 묘각이며, 식심은 견성(見性, 성품을 봄)이므로, 견성하면 묘각해탈이요 불지무념이다. 그러므로 견성하면 곧 성불인 것이다.

"곧 불성을 보아서 아뇩다라삼먁삼보리를 얻느니라〔卽見佛性하야 得阿耨多羅三藐三菩提니라 -涅槃經 2〕."

"반드시 아뇩다라삼먁삼보리를 얻어서 불성을 보느니라〔必得阿耨多羅三藐三菩提하야 得見佛性이니라 -涅槃經 20〕."

○ 아뇩다라삼먁삼보리는 무상정각 곧 성불이니, 위의 글들은 성불과 견성이 동일한 내용임을 말한다.

"지위가 십지인 보살이라 하여도 오히려 불성을 밝게 보지 못하느니라〔菩薩이 位階十地하야도 常未明了知見佛性이니라 -涅槃經 8〕."

"모든 부처님은 정·혜를 함께함으로써 불성을 밝게 보느니라〔諸佛世尊은 定慧等故로 明見佛性이니라 -涅槃經 28〕."

"보살의 지위가 다하여 미세한 망념을 멀리 떠남으로써 심성을 보나니, 구경각이라고 이름하느니라〔菩薩地盡하야 以遠離微細念故로 得見心性이니 名究竟覺이니라 -起信論〕."

"십지의 성인들이 법문 설하기를 구름 일듯 하고 비오듯 하여도, 견성은 비단으로 눈을 가리운 것과 같으니라〔十地聖人이 說法은 如雲如雨하야도 見性은 如隔羅縠이니라 -雲門 傳燈錄 19〕."

"견성하면 곧 부처가 되느니라〔見性하면 卽成如來니라 -宗鏡錄 44〕."

○ 이상과 같이 부처님과 조사들이 한결같이 견성이 곧 성불이라고 하였으니, 육조스님 말씀과 같다. 그리고 교가(敎家)의 권위인 현수(賢首)도 그의 『기신론의기(起信論義記)』에서 구경불지(究竟佛地)만이 견성이라고 하였으니, '견성이 곧 성불'임은 선(禪)·교(敎)를 통한 근본 철칙이다.

19. 멸죄(滅罪)
- 죄를 없앰

▼ 善知識아 後代에 得吾(悟)法者는 常見吾法身이 不離汝左右리라 善知識아 將此頓敎法門하야 同見同行하야 發願受持하되 如事(是)佛故로 終身受持而不退者는 欲入聖位니라 然須傳(縛)受時에 從上已來로 嘿然而付於法하야 發大誓願하야 不退菩提하면 卽須分付니라 若不同見解커나 無有志願하면 在在處處에 勿妄宣傳하야 損彼前人하라 究(究)竟無益이니라 若遇人不解하야 謾此法門하면 百劫萬劫千生에 斷佛種性이니라

선지식들아, 뒷세상에 나의 법을 얻는 이는 항상 나의 법신이 너희의 좌우를 떠나지 않음을 보리라.

선지식들아, 이 돈교의 법문을 가지고 같이 보고 같이 행하여 소원을 세워 받아 지니되 부처님 섬기듯이 하여, 종신토록 받아 지녀 물러나지 않는 사람은 성인의 지위에 들어가고자 하느니라.

그러나 전하고 받을 때에는 모름지기 예로부터 말없이 법을 부촉하여 큰 서원을 세워서 보리에서 물러나지 않으면, 곧 모름지기 분부한 것이니라.

만약 견해가 같지 않거나 뜻과 원이 없다면 곳곳마다 망령되이 선전하여 저 앞사람을 손상케 하지 말라. 마침내 이익이 없느니라.

만약 만나는 사람이 알지 못하여 이 법문을 업신여기면 백겁 만겁 천생토록 부처의 종자를 끊게 되리라.

▼ 大師言하되 善知識아 聽吾(悟)說無相頌(訟)하라 令汝迷(名)者罪滅할새 亦名滅罪頌이니라 頌曰

愚人은 修福不修道하고 謂言修福이 而是(道)하니
布施供養福無邊이나 心中三業元來在로다
若將修福欲滅罪인댄 後世得福罪無造리오
若解向心除罪緣하면 各自性(世)中眞懺悔(海)로다
若悟大乘眞懺悔(海)하면 除邪行正造無罪라
學道之人이 能自觀하면 卽與悟人同一例로다
大師令傳此頓敎하야 願學之人同一體하니
若欲當來覓本身인댄 三毒惡緣心中洗하라
努力修道莫悠悠어다 忽然虛度一世休니
若遇大乘頓敎法이어든 虔誠合掌志心求하라

大師說法了한대 韋使君官僚와 僧衆道俗이 讚言無盡하야

昔所未聞이러라

　대사께서 말씀하셨다.
　"선지식들아, 나의 '모양 없는 게송'을 들으라. 너희 미혹한 사람들의 죄를 없앨 것이니 또한 '죄를 없애는 게송〔滅罪頌〕'이라고 하느니라."
　게송에 말씀하셨다.

　　어리석은 사람은 복은 닦고 도는 닦지 않으면서
　　복을 닦음이 곧 도라고 말한다.
　　보시 공양하는 복이 끝이 없으나
　　마음속 삼업은 원래대로 남아 있도다.
　　만약 복을 닦아 죄를 없애고자 하여도
　　뒷세상에 복은 얻으나 죄가 따르지 않으리오.
　　만약 마음속에서 죄의 반연 없앨 줄 안다면
　　저마다 자기 성품 속의 참된 참회니라.
　　만약 대승의 참된 참회를 깨치면
　　삿됨을 없애고 바름을 행하여 죄 없어지리.
　　도를 배우는 사람이 능히 스스로 보면
　　곧 깨친 사람과 더불어 같도다.
　　오조께서 이 단박 깨치는 가르침을 전하심은
　　배우는 사람이 같은 한 몸 되기를 바라서이다.
　　만약 장차 본래의 몸을 찾고자 한다면

삼독의 나쁜 인연을 마음속에서 씻어 버려라.
힘써 도를 닦아 유유히 지내지 말라.
어느덧 헛되이 지나 한세상 끝나리니
만약 대승의 단박 깨치는 법을 만났거든
정성 들여 합장하고 지극한 마음으로 구하라.

　대사께서 법을 설하여 마치시니, 위사군과 관료와 스님들과 도교인과 속인들의 찬탄하는 말이 끊이지 않고 "예전에 듣지 못한 것이다."라고 하였다.

　○ 동견동행(同見同行, 같이 보고 같이 행함) … 같은 아래 글에서 "만약 견해가 같지 않으면〔若不同見解〕"이라고 함과 같이 "견해가 같음"을 말한다.
　○ 대승돈교(大乘頓敎) … 삼승(三乘) 가운데의 대승이 아니요 최상최존(最上最尊)의 표현이며, 최상최존의 돈오교법(頓悟敎法)을 말한 것이다.

20. 공덕(功德)

▼ 使君이 禮拜하고 自言하되 和尙說法은 實不思議로다 弟子嘗(當)有少疑하야 欲問(聞)和尙하노니 望「意」和尙은 大慈大悲로 爲弟子說하소서 大師言하되 有疑(議)卽問(聞)이니 何須再三가 使君問(聞)하되 法은 可不「不」是西國第一祖達磨祖師宗旨닛고 大師言是라 弟子見說하니 達磨大師化(伐)梁武帝(諦)할새 問達磨하되 朕이 一生已(未)來로 造寺布施供養하니 有「有」功德否아 達磨答言하되 並無功德이니라 武帝惆悵하야 遂遣達磨하야 出境이라 하니 未審此言을 請和尙說하소서 六祖言하되 實無功德이니 使君아 「朕」勿疑達磨大師言하라 武帝著邪道하야 不識正法이니라

위사군이 예배하고 스스로 말하였다.
"큰스님께서 법을 설하심은 실로 부사의합니다. 제자가 일찍이 조그마한 의심이 있어서 큰스님께 여쭙고자 하오니, 바라건대 큰스님께서는 대자대비로 제자를 위하여 말씀하여 주소서."

육조대사께서 말씀하셨다.

"의심이 있거든 물으라. 어찌 두 번 세 번 물을 필요가 있겠는가?"

위사군이 물었다.

"대사께서 설하신 법은 서쪽 나라에서 오신 제1조 달마조사의 종지가 아닙니까?"

대사께서 말씀하셨다.

"그렇다."

"제자가 듣자오니 달마대사께서 양무제를 교화하실 때, 양무제가 달마대사께 묻기를,

'짐이 한평생 동안 절을 짓고 보시를 하며 공양을 올렸는데 공덕이 있습니까?'라고 하자, 달마대사께서

'전혀 공덕이 없습니다'라고 대답하시니, 무제는 불쾌하게 여겨 마침내 달마를 나라 밖으로 내보내었다고 하는데 이 말을 잘 알지 못하겠습니다. 청컨대 큰스님께서는 말씀해 주십시오."

육조대사께서 말씀하셨다.

"실로 공덕이 없으니, 사군은 달마대사의 말씀을 의심하지 말라. 무제가 삿된 길에 집착하여 바른 법을 모른 것이니라."

▼ 使君이 問 何以無功德고 和尙이 言하되 造寺布施供養은 只是修福이라 不可將福하야 以爲功德이니 〔功德〕은 在法身이요 非在於福田이라 自法性이 有功德하니 〔見性이 是

功)이요 平直是德이라 〔內見〕佛性하고 外行恭敬하라 若輕一切人하야 吾(悟)我不斷하면 卽自無功德이니 自性虛妄하야 法身이 無功德이니라 念念德行하야 平等直(眞)心하면 德卽不輕이니 常行於敬하야 自修身이 卽功이요 自修「身」心이 卽德이라 功德은 自心作이니 福與功德別이어늘 武帝不識正理요 非祖大師有過니라

위사군이 물었다.
"어찌하여 공덕이 없습니까?"
육조대사께서 말씀하셨다.
"절을 짓고 보시하며 공양을 올리는 것은 다만 복을 닦는 것이다. 복을 공덕이라고 하지는 말라. 공덕은 법신에 있고 복전(福田)에 있지 않으니라.

자기의 법성에 공덕이 있나니, 견성이 곧 공(功)이요, 평등하고 곧음이 곧 덕(德)이니라. 안으로 불성을 보고 밖으로 공경하라. 만약 모든 사람을 경멸하고 아상(我相)을 끊지 못하면 곧 스스로 공덕이 없고 자성은 허망하여 법신에 공덕이 없느니라.

생각마다 덕을 행하고 마음이 평등하여 곧으면 공덕이 곧 가볍지 않으니라. 그러므로 항상 공경하고 스스로 몸을 닦는 것이 곧 공이요, 스스로 마음을 닦는 것이 곧 덕이니라. 공덕은 자기의 마음으로 짓는 것이다. 〔이같이〕 복과 공덕이 다르거늘 무제가 바른 이치를 알지 못한 것이요, 달마대사께 허물 있

는 것이 아니니라."

○ 견성시공(見性是功, 견성이 공임) … 참다운 공덕은 오직 견성뿐이다.

21. 서방(西方)
  - 서방극락

▼ 使君이 禮拜하고 又問하되 弟子見僧道俗이 常念阿彌陀(大)佛하야 願往生西方하니 請和尙은 說하소서 得(德)生彼否아 望爲破疑하소서 大師言하되 使君아 聽하라 惠能이 與說하리라 世尊이 在舍衛國하야 說西方引化하야 經文에 分明 去此不遠이라 하니 只爲下根하야 說遠(近)하고 說近(遠)은 只緣上智니라 人自兩(雨)種(重)이요 法無不〔同〕이라 迷(名)悟有殊하야 見有遲疾하야 迷人은 念佛生彼하고 悟者는 自淨其心이니 所以佛言하시되 隨其心淨하야 則佛土淨이라 하니라 使君아 東方도 但淨心하면 無罪요 西方도 心不淨하면 有愆하야 迷人은 願生하나 東方西方(者)은 所在處並皆一種이니라 心但無不淨하면 西方이 去此不遠이요 心起不淨之心하면 念佛往生難到니라 除十惡하면 卽行十萬이요 無八邪하면 卽過八千이니 但行直(眞)心하면 到如彈(禪)指니라 使君아 但行十善하면 何須更願往生이며 不

斷十惡之心하면 何佛이 卽來迎請이리오 若悟無生頓法하면 見西方이 只在刹那요 不悟頓敎大乘하면 念佛하야도 往生路遙니 如何得達고

위사군이 예배하고 또 물었다.
"제자가 보니 스님과 도교인과 속인들이 항상 아미타불을 생각하면서 서쪽 나라에 가서 나기를 바랍니다. 청컨대 큰스님께서는 말씀해 주십시오. 저기에 날 수가 있습니까? 바라건대 의심을 풀어 주소서."
대사께서 말씀하셨다.
"사군은 들으라. 혜능이 말하여 주리라. 세존께서 사위국에 계시면서 서방정토에로 인도하여 교화해 말씀하셨느니라. 경에 분명히 말씀하시기를, '여기서 멀지 않다'고 하였다. 다만 낮은 근기의 사람을 위하여 멀다 하고, 가깝다고 말하는 것은 다만 지혜가 높은 사람 때문이니라.
사람에는 자연히 두 가지가 있으나 법은 그렇지 않다. 미혹함과 깨달음이 달라서 견해에 더디고 빠름이 있을 뿐이다. 미혹한 사람은 염불하여 저곳에 나려고 하지만 깨친 사람은 스스로 그 마음을 깨끗이 한다. 그러므로 부처님께서 '그 마음이 깨끗함을 따라서 부처의 땅도 깨끗하다'고 말씀하셨느니라.
사군아, 동쪽 사람일지라도 다만 마음이 깨끗하면 죄가 없고, 서쪽 사람일지라도 마음이 깨끗하지 않으면 허물이 있느니라. 미혹한 사람은 가서 나기를 원하나 동방과 서방은 사람

이 있는 곳으로는 다 한가지니라.

　다만 마음에 깨끗지 않음이 없으면 서방정토가 여기서 멀지 않고, 마음에 깨끗지 아니한 생각이 일어나면 염불하여 왕생하고자 하여도 이르기 어렵느니라. 십악(十惡)을 제거하면 곧 십만 리를 가고, 팔사(八邪)가 없으면 곧 팔천 리를 지난 것이다. 다만 곧은 마음을 행하면 도달하는 것은 손가락 튕기는 것과 같으니라.

　사군아, 다만 십선(十善)을 행하라. 어찌 새삼스럽게 왕생하기를 바랄 것인가. 십악의 마음을 끊지 못하면 어느 부처가 와서 맞이하겠는가.

　만약 남〔生〕이 없는 돈법(頓法)을 깨치면 서방정토를 찰나에 볼 것이요, 만약 돈교의 큰 가르침을 깨치지 못하면 염불을 하여도 왕생할 길이 멀거니, 어떻게 도달하겠는가?"

▼ 六祖言하되 惠能이 與使君으로 移西方刹那間(問)하야 目(日)前便見케 하리니 使君은 願見否아 使君이 禮拜하되 若此得見하면 何須往生고 願和尙은 慈悲로 爲現西方하면 大善이로다 大師言하되 唐見西方無疑리니 卽散하라 大衆이 愕然하야 莫知何事(是)어늘 大師曰 大衆아 大衆은 作意聽하라 世人의 自色身은 是城이요 眼耳鼻舌身은 卽是城門이니 外有五(六)門하며 內有意門하고 心卽是地요 性卽是王이니 性在王在하고 性去王無라 性在身心存이요 性去身〔心〕壞니

라 佛是自性作이니 莫向身〔外〕求하라 自性이 迷하면 佛卽 衆生이요 自性이 悟면 衆生이 卽是佛이니라 慈悲는 卽是觀 音이요 喜捨는 名爲勢至며 能淨은 是釋迦요 平直(眞)은 是 彌勒이라 人我는 是須彌요 邪心은 是大海며 煩惱는 是波浪 이요 毒心은 是惡龍이며 塵勞는 是魚鱉이요 虛妄은 卽是神 鬼며 三毒은 卽是地獄이요 愚癡는 卽是畜生이며 十善은 是 天堂이라 無人我(我無人)하면 須彌自倒요 除邪心하면 海 水竭이요 煩惱無하면 波浪滅이요 毒害除하면 魚龍絕이니라

육조께서 말씀하셨다.
"혜능이 사군을 위하여 서쪽 나라를 찰나 사이에 옮겨 눈앞에 바로 보게 하리니 사군은 보기를 바라는가?"
위사군이 예배하며 말하였다.
"만약 여기서 볼 수 있다면 하필 가서 나겠습니까. 원컨대 스님께서 자비로써 서쪽 나라를 보여주시면 매우 좋겠습니다."
대사께서 말씀하셨다.
"문득 서쪽 나라를 보아 의심이 없을 터이니 당장 흩어져라."
대중들이 놀라 무슨 일인지 영문을 모르자 대사께서 말씀하셨다.
"대중은 정신 차리고 들으라. 세상 사람의 자기 색신은 성(城)이요 눈·귀·코·혀·몸은 곧 성의 문이니 밖으로 다섯 문이 있고 안으로 뜻의 문이 있다. 마음은 곧 땅이요 성품은 곧 왕(王)이니 성품이 있으면 왕이 있고 성품이 가매 왕은 없느니

라. 성품이 있으매 몸과 마음이 있고 성품이 가매 몸과 마음이 무너지느니라.

부처는 자기의 성품이 지은 것이니, 몸 밖에서 구하지 말라. 자기의 성품이 미혹하면 부처가 곧 중생이요 자기의 성품이 깨달으면 중생이 곧 부처이니라.

자비는 곧 관음이요 희사는 세지라고 부르며, 능히 깨끗함은 석가요 평등하고 곧음은 미륵이니라. 인아상은 수미요 삿된 마음은 큰 바다이며 번뇌는 파랑이요 독한 마음은 악한 용이며 진로는 고기와 자라요 허망함은 곧 귀신이며 삼독은 곧 지옥이요 어리석음은 곧 짐승이며 십선은 천당이니라.

인아상이 없으면 수미산이 저절로 거꾸러지고 삿된 마음을 없애면 바닷물이 마르며, 번뇌가 없으면 파랑이 없어지고 독해(毒害)를 제거하면 고기와 용이 없어지느니라.

▼ 自心地上 覺性如來가 放(施)大智惠하야 光明이 照耀하야 六門이 淸淨하야 照破(波)六欲諸天하고 下照하야 三毒을 若除하면 地獄이 一時消滅하야 內外明徹하야 不異西方하나니 不作此修하고 如何到彼리오 座下聞(問)說하고 讚聲이 徹天하되 應是迷人도 了(人)然便見하니라 使君이 禮拜하고 讚言善哉善哉라 普願法界衆生이 聞者一時悟解하노이다

자기 마음의 땅 위에 깨달은 성품〔覺性〕의 부처가 큰 지혜

를 놓아서 그 광명이 비추어 여섯 문이 청정하게 되고 욕계의 모든 여섯 하늘들을 비추어 부수고, 아래로 비추어 삼독을 제거하면 지옥이 일시에 사라지고 안팎으로 사무쳐 밝으면 서쪽 나라와 다르지 않다. 그러므로 이 수행을 닦지 아니하고 어찌 피안(彼岸)에 이르겠는가."

법문을 들은 법좌(法座) 아래서는 찬탄하는 소리가 하늘에 사무쳤으니, 응당 미혹한 사람도 문득 밝게 볼 수 있었다.

위사군이 예배하며 찬탄하여 말하였다.

"훌륭하십니다. 훌륭하십니다! 널리 원하옵나니, 법계의 중생으로 이 법을 듣는 이는 모두 일시에 깨쳐지이다!"

○ 안팎이 사무쳐 밝으면 서방정토와 다르지 않다〔內外明徹不異西方〕… 내외명철한 제불의 정토 이외에는 모두 꿈속의 장엄인 것이다.

22. 수행(修行)

▼ 大師言하되 善知識아 若欲修行인댄 在家도 亦得하야 不由在寺니 在寺不修하면 如西方心惡之人이요 在家若修行하면 如東方人修善이라 但願自家修淸淨하면 卽是西(惡)方이니라 使君이 問하되 和[尙]아 在家如何修오 願爲指授하소서 大師言하되 善知識아 惠能이 與道俗作無相頌하노니 盡誦取하라 依(衣)此修行하면 常與惠能으로「說」一處無別이니라 頌曰

　說通及心通이여 如日至虛空하니
　惟傳頓敎法하야 出世破邪宗이로다
　敎卽無頓漸이요 迷悟有遲疾하니
　若學頓敎法하면 愚人도 不可迷니라
　說卽雖(須)萬般이나 合離還歸一이니
　煩惱暗宅中에 常須生慧(惠)日이어다
　邪來因煩惱요 正來煩惱除니

邪正俱(疾)不用하고 淸淨至無餘로다
菩提本淸淨하야 起心卽是妄이라
淨性在(於)妄中하니 但正하면 除三障이로다
世間에 若修道인댄 一切盡不妨이니
常現在己過하라 與道卽相當이로다
色類自有道어늘 離道別覓道라
覓道不見道하니 到頭還自懊로다
若欲覓覓道인댄 行正이 卽是道니
自若無正心하면 暗行不見道니라
若眞修道人은 不見世間愚하나니
若見世間非하면 自非却是左로다
他非는 我有罪요 我非는 自有罪니
但自去非心하고 打破煩惱碎로다
若欲化愚人인댄 是須有方便하니
勿令破彼疑하라 卽是菩提見이로다
法元在世間하야 於世에 出世間하니
勿離世間上하고 外求出世間하라
邪見是(出)世間이요 正見은 出世間이니
邪正을 悉打却하면 〔菩提性宛然〕이로다
此但是頓敎며 亦名爲大乘이니
迷來經累劫이요 悟則刹那間이로다

대사께서 말씀하셨다.

"선지식들아, 만약 수행하기를 바란다면 세속에서도 가능한 것이니, 절에 있다고만 되는 것이 아니다. 절에 있으면서 닦지 않으면 서쪽 나라 사람의 마음이 악함과 같고, 세속에 있으면서 수행하면 동쪽 나라 사람이 착함을 닦는 것과 같다. 오직 바라건대, 자기 스스로 깨끗함을 닦으라. 그러면 이것이 곧 서쪽 나라이니라."

위사군이 물었다.

"화상(和尙)이시여, 세속에 있으면서는 어떻게 닦습니까? 원하오니 가르쳐 주소서."

대사께서 말씀하셨다.

"선지식들아, 혜능이 도속(道俗)을 위하여 '모양 없는 게송'을 지어 주리니 다들 외어 가지라. 이것을 의지하여 수행하면 항상 혜능과 더불어 한 곳에 있음과 다름이 없느니라."

게송으로 말씀하셨다.

설법도 통달하고 마음도 통달함이여!
해가 허공에 떠오름과 같나니
오직 돈교의 법만을 전하여
세상에 나와 삿된 종취를 부수는도다.
가르침에는 돈(頓)과 점(漸)이 없으나
미혹함과 깨침에 더디고 빠름이 있나니
만약 돈교의 법을 배우면

어리석은 사람이라도 미혹하지 않느니라.
설명하자면 비록 일만 가지이나
그 낱낱을 합하면 다시 하나로 돌아오나니
번뇌의 어두운 집 속에서
항상 지혜의 해가 떠오르게 하라.
삿됨은 번뇌를 인연하여 오고
바름〔正〕이 오면 번뇌가 없어지나니
삿됨과 바름을 다 버리면
깨끗하여 남음 없음에 이르는도다.
보리는 본래 깨끗하나
마음 일으키는 것이 곧 망상이라
깨끗한 성품이 망념 가운데 있나니
오직 바르기만 하면 세 가지 장애를 없애는도다.
만약 세간에서 도를 닦을 때는
일체가 다 방해하지 않나니
항상 허물을 드러내어 자기에게 있게 하라.
도와 더불어 서로 합하는도다.
형상이 있는 것에는 스스로 도가 있거늘
도를 떠나 따로 도를 찾는지라
도를 찾아도 도를 보지 못하나니
필경은 도리어 스스로 고뇌하는도다.
만약 애써 도를 찾고자 할 때는
행동의 바름이 곧 도이니

스스로에게 만약 바른 마음이 없으면
어둠 속을 감이라 도를 보지 못하느니라.
만약 참으로 도를 닦는 사람이라면
세간의 어리석음을 보지 않나니
만약 세간의 잘못을 보면
자기의 잘못이라 도리어 허물이로다.
남의 잘못은 나의 죄과요
나의 잘못은 스스로 죄 있음이니
오직 스스로 잘못된 생각을 버리고
번뇌를 쳐부수어 버리는도다.
만약 어리석은 사람을 교화하고자 할 때는
모름지기 방편이 있어야 하나니
저로 하여금 의심을 깨뜨리게 하지 말라.
이는 곧 보리가 나타남이로다.
법은 원래 세간에 있어서
세간에서 세간을 벗어나나니
세간을 떠나지 말며
밖에서 출세간(出世間)의 법을 구하지 말라.
삿된 견해가 세간이요
바른 견해는 세간을 벗어남이니
삿됨과 바름을 다 쳐 물리치면
보리의 성품이 완연하리로다.
이는 다만 단박 깨치는 가르침이며

또한 대승이라 이름 하나니
미혹하면 수많은 세월을 지나나
깨치면 잠깐 사이로다.

○ 오직 돈교의 법만을 전하여 세상에 나와 삿된 종취를 부순다〔唯傳頓敎法하야 出世破邪宗이로다〕 … 육조스님은 『단경』 전체를 통하여 돈오돈수(頓悟頓修)하는 돈교법만을 설하였으므로, 돈법(頓法) 이외는 모두 사종(邪宗)이라고 배척하였으니 이는 최사현정(摧邪顯正)의 대자비인지라, 육조의 법손(法孫)으로서 점수(漸修) 운운하는 것은 육조를 반역(反逆)하는 것이다.

23. 행화(行化)
– 교화를 행하심

▼ 大師言하되 善知(智)識아 汝等은 盡誦取此偈하라 依偈修行하면 去惠能千里라도 常在能邊이요 此不修하면 對面千里니 各各自修하면 法不相持리오 衆人은 且(旦)散하라 惠能은 歸曹(漕)溪山하리니 衆人(生)이 若有大疑어든 來彼山間하라 爲汝破疑하야 同見佛性(世)케 하리라 合座官僚(奪)道俗이 禮拜和尙하고 無不嗟嘆하되 善哉라 大悟여 昔所未聞(問)이로다 嶺南에 有福하야 生佛在此를 誰能得知(智)리오 하고 一時盡散하니라

대사께서 말씀하셨다.
"선지식들아, 너희들은 다들 이 게송을 외어 가지라. 이 게송을 의지하여 수행을 하면 천 리를 혜능과 떨어져 있더라도 항상 혜능의 곁에 있는 것이요, 이를 수행하지 않으면 얼굴을 마주하여도 천 리를 떨어져 있는 것이다. 각각 스스로 수행하면 법을 서로 지님이 아니겠느냐.

여러 사람들은 그만 흩어지거라. 혜능은 조계산으로 돌아가리라. 만약 대중 가운데 큰 의심이 있거든 저 산으로 오너라. 너희를 위하여 의심을 부수어 같이 부처의 성품을 보게 하리라."

함께 앉아 있던 관료·스님·속인들이 육조대사께 예배하며 찬탄하지 않는 이가 없었다. 그들은 "훌륭하십니다, 크게 깨치심이여! 옛적에는 미처 듣지 못한 말씀이로다. 영남에 복이 있어 산 부처가 여기 계심을 누가 능히 알았으리오." 한 다음 한꺼번에 다 흩어졌다.

▽ 大師往曹溪山하니 韶廣二州에 行化四十餘年이라 若論門人하면 僧之與俗이 三五千人이라 說不盡이요 若論宗旨(指)하면 傳授壇經하야 以此爲依(衣)約라 若不得壇經이면 卽無稟受니 須知去(法)處年月日姓(性)名하야 遞(遍)相付囑하되 無壇經稟承이면 非南宗弟(定)子也니라 未得稟承者는 雖說頓敎法하나 未知根本이라 終(修)不免諍이니 但得法者는 只勸修行하라 諍是勝負之心이니 與道違背로다

대사께서 조계산으로 가시어 소주·광주 두 고을에서 교화하기를 사십여 년이었다.

만약 문인을 말한다면 스님과 속인이 삼오천(三五千) 명이라 이루 다 말할 수 없으며, 만약 종지를 말한다면 『단경』을 전수하여 이를 의지하여 믿음을 삼게 하셨다. 만약 『단경』을 얻지 못하면 곧 법을 이어받지 못한 것이다. 모름지기 간 곳과 년

월 일과 성명을 알아서 서로서로 부촉하되『단경』을 이어받지 못하였으면 남종(南宗)의 제자가 아니다.『단경』을 이어받지 못한 사람은 비록 돈교법을 말하나 아직 근본을 알지 못함이라, 마침내 다툼을 면치 못한 것이다. 그러므로 오로지 법을 얻은 사람에게만 〔돈교법의〕 수행함을 권하라. 다툼은 이기고 지는 마음이니 도와는 어긋나는 것이다.

24. 돈수(頓修)
　– 단박에 닦음

▼ 世人이 盡傳하되 南「宗」能北(比)秀라 하나 未知根本事由니라 且秀禪師는 於荊南府當(南荊苻堂)陽縣玉泉寺에 住持(時)修行하고 惠能大師는 於韶州城東 三十五里曹溪山에 住하니 法卽一宗이나 人有南北(比)이라 因此便立南北이니라 何名(以)漸頓고 法卽一種이로되 見有遲疾이라 見遲卽漸이요 見疾卽頓이니 法無漸頓이요 人有利鈍故로 名漸頓이니라

　세상 사람이 다 전하기를, "남쪽은 혜능이요 북쪽은 신수"라고 하나, 아직 근본 사유를 모르는 말이다.
　또 신수선사는 형남부 당양현 옥천사에 주지하며 수행하고, 혜능대사는 소주성 동쪽 35리 떨어진 조계산에 머무르시니, 법은 한 종(宗)이나 사람에게 남쪽과 북쪽이 있어 이로 말미암아 남쪽과 북쪽이 서게 되었다.
　어떤 것을 '점(漸)'과 '돈(頓)'이라고 하는가?

법은 한가지로되 견해에 더디고 빠름이 있기 때문이다. 견해가 더딘 즉 '점'이요 견해가 빠른 즉 '돈'이다. 법에는 '점'과 '돈'이 없으나 사람에게는 영리함과 우둔함이 있는 까닭으로 '점'과 '돈'이라고 이름한 것이다.

◤ 神秀師嘗(常)見人이 說惠能法의 疾直指(旨)路하고 秀師遂喚(換)門人僧志誠曰 汝聰明多智하니 汝與吾至曹溪山하야 到惠能所하야 禮拜但聽하되 莫言吾使汝來하고 所聽得(德)意旨를 記取하야 却來與吾說하야 看惠能見解與吾誰疾遲케 하되 汝第一早來하야 勿令吾恠(㤗)하라 志誠이 奉使歡喜하야 遂半月中間에 卽至曹溪山하야 見惠能和尙(當)하고 禮拜卽聽하되 不言來處러니 志誠(城)이 聞法하고 言下便悟하야 卽契本心하고 起立卽禮拜하야 自言하되 和尙하 弟子從玉泉寺來니다 秀師處에 不得(德)契悟러니 聞和尙說하고 便契本心하오니 和尙은 慈悲로 願當敎(散)示하소서 惠能大師曰 汝從彼(被)來면 應是細作이로다 志誠曰 未說時卽是나 說「及」了不(卽)是니다 六祖言하되 煩惱卽是菩提도 亦復如是니라

일찍이 신수스님은 사람들이 혜능스님의 법이 빠르고 곧게 길을 가리킨다고 말하는 것을 보았다. 신수스님은 드디어 문인 지성스님을 불러 말하였다.

"너는 총명하고 지혜가 많으니, 나를 위하여 조계산으로 가라. 가서 혜능스님의 처소에 이르러 예배하고 듣기만 하되, 내가 보내서 왔다 하지 말라. 들은 대로 그 뜻을 기억하여 돌아와서 나에게 말하여라. 그래서 혜능스님의 견해와 나의 견해 중 누가 빠르고 더딘지를 보게 하여라. 너는 첫째로 빨리 오너라. 그래서 나로 하여금 괴이하게 여기지 않도록 하라."

지성은 기쁘게 분부를 받들어 반달쯤 걸려서 조계산에 도달하였다. 그는 혜능스님을 뵙고 예배하여 법문을 들었으나 온 곳을 말하지 않았다.

지성은 법문을 듣고 그 말끝에 문득 깨달아 곧 본래의 마음에 계합하였다. 그는 일어서서 예배하고 스스로 말하였다.

"큰스님이시여, 제자는 옥천사에서 왔습니다. 신수스님 밑에서는 깨치지 못하였으나 큰스님의 법문을 듣고 문득 본래의 마음에 계합하였습니다. 큰스님께서는 자비로써 가르쳐 주시기 바라옵니다."

혜능대사께서 말씀하셨다.

"네가 거기에서 왔다면 마땅히 염탐꾼이렷다!"

지성이 말하였다.

"말을 하기 이전에는 그렇습니다만, 말씀을 드렸으니 이미 아니옵니다."

육조대사께서 말씀하셨다.

"번뇌가 곧 보리임도 또한 이와 같으니라."

◐ 大師謂志誠曰 吾聞汝(與)禪師教人하되 唯傳戒定惠라 하니 汝(與)和尙의 教人戒定惠는 如何오 當爲吾說하라 志誠(城)曰 秀和尙의 言戒定惠는 諸惡不作을 名爲戒요 諸善奉行을 名爲惠요 自淨其意를 名爲定이라 此卽名爲戒定惠니 彼作如是說이어니와 不知和尙所見은 如何오 惠能和尙答曰 此說은 不可思議나 惠能所見은 又別하니라 志誠(城)이 問 何以別고 惠能答曰 見有遲疾이니라 志誠(城)이 請和尙說所見戒定惠한대 大師言하되 「如」汝聽吾(悟)說하야 看吾(悟)所見處하라 心地無「疑」非自性(姓)戒요 心地無亂이 是自性(姓)定이요 心地無癡 自性(姓)「是」惠니라 能大師言하되 汝戒定惠는 勸小根諸人이요 吾戒定惠는 勸上〔根〕人이니 得悟(吾)自〔性〕하면 亦不立戒定惠니라 志誠(城)이 言 請大師說不立은 如何오 大師言 自性(姓)은 無非無亂無癡하야 念念般若觀照하야 常(當)離法相하나니 有何可立고 自性(姓)頓修하야 立有漸이라 此所(契)以不立이니라 志誠이 禮拜하고 便不離曹溪山하야 卽爲門人하야 不離大師左右니라

대사께서 지성에게 말씀하셨다.

"내가 들으니 너의 스님이 사람을 가르치기를 오직 계·정·혜를 전한다고 하는데, 너의 스님이 사람들에게 가르치는 계·정·혜는 어떤 것인가? 마땅히 나를 위해 말해 보라."

지성이 말하였다.

"신수스님은 계·정·혜를 말하기를, '모든 악을 짓지 않는 것을 계라고 하고, 모든 선을 받들어 행하는 것을 혜라고 하며, 스스로 그 뜻을 깨끗이 하는 것을 정이라고 한다. 이것이 곧 계·정·혜이다'고 합니다. 신수스님의 말씀은 그렇거니와, 큰스님의 의견은 어떠신지 알지 못합니다."

혜능대사께서 대답하셨다.

"그 법문은 불가사의하나 혜능의 소견은 또 다르니라."

지성이 여쭈었다.

"어떻게 다릅니까?"

혜능스님께서 대답하셨다.

"견해에 더디고 빠름이 있느니라."

지성이 계·정·혜에 대한 스님의 소견을 청하였다.

대사께서 말씀하셨다.

"너는 나의 말을 듣고서 나의 소견을 보라. 마음의 땅에 그릇됨이 없는 것이 자성의 계요, 마음의 땅에 어지러움이 없는 것이 자성의 정이요, 마음의 땅에 어리석음이 없는 것이 자성의 혜이니라."

혜능대사께서 말씀하셨다.

"너의 계·정·혜는 작은 근기의 사람에게 권하는 것이요, 나의 계·정·혜는 높은 근기의 사람에게 권하는 것이다. 자기의 성품을 깨치면 또한 계·정·혜도 세우지 않느니라."

지성이 여쭈었다.

"큰스님께서 세우지 않는다고 말씀하시는 뜻은 어떤 것입니까?"

대사께서 말씀하셨다.

"자기의 성품은 그릇됨도 없고 어지러움도 없으며 어리석음도 없다. 생각 생각마다 지혜로 관조하여 항상 법의 모양을 떠났는데, 무엇을 세우겠는가. 자기의 성품을 단박 닦으라. 세우면 점차가 있으니 그러므로 세우지 않느니라."

지성은 예배하고서 바로 조계산을 떠나지 아니하고 곧 문인이 되어 대사의 좌우를 떠나지 않았다.

○ 자성돈수(自性頓修, 자성으로 단박 닦음) … 육조는 '제8 무념편'에서 "미혹한 사람은 점점 계합하고〔迷人漸契〕깨친 사람은 단박에 닦는다〔悟人頓修〕."고 말함과 같이, 깨침〔悟〕은 모두 돈수(頓修)임을 말하였다. 돈황본에서는 "자성으로 단박 닦는다〔自性頓修〕."고 간명하게 말하였으나, 각 본(本)에서는 "자성이 스스로 깨쳐서 단박에 깨치고 단박에 닦아서 또한 점차도 없다〔自性이 自悟하여 頓悟頓修하여 亦無漸次라〕."고 소상히 말씀하심으로써, 『단경』에는 오직 돈오돈수(頓悟頓修)뿐이요 점수(漸修)는 없음을 분명히 하였다.

25. 불행(佛行)
　- 부처님의 행

▼ 又有一僧하야 名法達이니 常誦法華經七年하되 心迷不知正法之處러라〔來問曰〕經上에 有疑하니 大師는 智惠廣大라 願爲決(時)疑하소서 大師言하되 法達아 法卽甚達이어늘〔汝心不達〕이요 經上無疑(癡)어늘〔汝心自疑〕하고 汝心自邪(耶)하야 而求正法이로다 吾心正定이 卽是持經이라 吾一生已來로 不識文字하니 汝將法華經來하야 對吾讀一遍하라 吾聞(問)卽知(之)리라

　또 한 스님이 있었는데 법달이라 하였다. 항상 『법화경』을 외어 7년이 되었으나 마음이 미혹하여 바른 법의 당처(當處)를 알지 못하더니 와서 물었다.
　"경에 대한 의심이 있습니다. 큰스님의 지혜가 넓고 크시오니 의심을 풀어 주시기 바랍니다."
　대사께서 말씀하셨다.
　"법달아, 법은 제법 통달하였으나 너의 마음은 통달하지 못

하였구나. 경 자체에는 의심이 없거늘 너의 마음이 스스로 의심하고 있다. 네 마음이 스스로 삿되면서 바른 법을 구하는구나.

　나의 마음 바른 정(定)이 곧 경전을 지니고 읽는 것이다. 나는 한평생 동안 문자를 모른다. 너는『법화경』을 가지고 와서 나를 마주하여 한 편[一遍]을 읽으라. 내가 들으면 곧 알 것이니라.”

▼ 法達이 取經到하야 對大師讀一遍한대 六祖聞(問)已하고 卽識佛意라 便與(汝)法達說法華經할새 六祖言 法達아 法華經은 無多語라 七卷이 盡是譬喻因(內)緣이니라 如來廣說三乘은 只爲世人根鈍이니 經文(聞)分(公)明 無有餘乘이요 唯一佛乘이라 하니라 大師[言]하되 法達아 汝聽一佛乘하고 莫求二佛乘하야 迷却汝性(聖)하라 經中에 何處是一佛乘을 與汝(汝與)說하리라 經云 諸佛世尊이 唯以(汝)一大事因緣故로 出現於世라 하니 已上十六字(家)是正法[此]法을 如何解며 此法을 如何修오 汝聽吾說하라 人心이 不思하면 本源이 空寂하야 離却邪見이 卽一大事(是)因緣이니라 內外不迷하면 卽離兩邊이니 外迷著(看)相하고 內迷著空이라 於相離相하고 於空離空이 卽是不「空」迷니 悟(吾)此法하야 一念에 心開하면 出現於世니라 心開何物고 開佛知見이니 佛은 猶如覺也라 分爲四門하니 開覺知見과 示覺知見과 悟覺知見과 入覺知見이라 開示悟入은

從(上)一處入이니 卽覺知見으로 見自本性이 卽得出世니라

법달이 경을 가지고 와서 대사를 마주하여 한 편을 읽었다. 육조스님께서 듣고 곧 부처님의 뜻을 아셨고 이내 법달을 위하여 『법화경』을 설명하시었다.

육조스님께서 말씀하셨다.

"법달아, 『법화경』에는 많은 말이 없다. 일곱 권이 모두 비유와 인연이니라. 부처님께서 널리 삼승을 말씀하심은 다만 세상의 근기가 둔한 사람을 위함이다. 경 가운데서 분명히 '다른 승(乘)이 있지 아니하고 오로지 한 불승(佛乘)뿐이라'고 하셨느니라."

대사께서 말씀하셨다.

"법달아, 너는 일불승을 듣고서 이불승을 구하여 너의 자성을 미혹하게 하지 말라. 경 가운데서 어느 곳이 일불승인지를 너에게 말하리라.

경에 말씀하시기를, '모든 부처님·세존께서는 오직 일대사인연(一大事因緣) 때문에 세상에 나타나셨다'고 하셨다.【이상의 열여섯 자는 바른 법이다.】이 법을 어떻게 알며 이 법을 어떻게 닦을 것인가? 너는 나의 말을 들으라.

사람의 마음이 생각을 하지 않으면 본래의 근원이 비고 고요하여 삿된 견해를 떠난다. 이것이 곧 일대사인연이니라. 안팎이 미혹하지 않으면 곧 양변(兩邊)을 떠난다. 밖으로 미혹하면 모양에 집착하고 안으로 미혹하면 공(空)에 집착한다. 모양에서 모양을 떠나고 공에서 공을 떠나는 것이 곧 미혹하지 않는 것이다. 그러므로 이 법을 깨달아 한 생각에 마음이 열리면 세상에 나타나는 것이니라.

마음에 무엇을 여는가?

부처님의 지견을 여는 것이다. 부처님은 깨달음이니라. 네 문으로 나뉘나니, 깨달음의 지견을 여는 것과 깨달음의 지견을 보이는 것과 깨달음의 지견을 깨침과 깨달음의 지견에 들어가는 것이니라. 열고〔開〕 보이고〔示〕 깨닫고〔悟〕 들어감〔入〕은 한 곳으로부터 들어가는 것이다. 곧 깨달음의 지견으로 자기의 본래 성품을 보는 것이 곧 세상에 나오는 것이니라."

▼ 大師言 法達아 吾(悟)常願一切世人이 心地로 常自開佛知見하고 莫開衆生知見이라 世人이 心〔邪〕하면 愚迷造惡하야 自開衆生知見이요 世人心正하야 起智惠觀照하면 自開佛知(智)見이니 莫開衆生知(智)見하고 開佛知(智)見하면 即出世니라 大師言하되 法達아 此是法華(達)經一乘法이요 向下分三은 爲迷(名)人故니 汝但依(於)一佛乘하라 大師言하되 法達아 心行하면 轉法華요 不行하면 法華轉이니 心正하면 轉法華요 心邪(耶)하면 法華轉이니라 開佛知(智)見하면 轉法華하고 開衆生知(智)見하면 被法華轉이니라 大師言하되 努力依法修行하면 即是轉經이니라 法達이 一聞하고 言下大悟하야 涕淚悲泣하고 自言하되 和尙하 實未曾(僧)

轉法華하고 七年을 被法華轉하니 已後로는 轉法華하야 念念修行佛行하리이다 大師言하되 卽佛行이 是佛이니라 其時 聽人(入)이 無不悟者러라

대사께서 말씀하셨다.
"법달아, 나는 모든 세상 사람들이 스스로 언제나 마음자리로 부처님의 지견을 열고 중생의 지견을 열지 않기를 항상 바라노라. 세상 사람의 마음이 삿되면 어리석고 미혹하여 악을 지어 스스로 중생의 지견을 열고, 세상 사람의 마음이 발라서 지혜를 일으켜 관조하면 스스로 부처님의 지견을 여나니, 중생의 지견을 열지 말고 부처님의 지견을 열면 곧 세상에 나오는 것이니라."

대사께서 말씀하셨다.
"법달아, 이것이 『법화경』의 일승법이다. 아래로 내려가면서 삼승을 나눈 것은 미혹한 사람을 위한 까닭이니, 너는 오직 일불승만을 의지하라."

대사께서 말씀하셨다.
"법달아, 마음으로 행하면 『법화경』을 굴리고 마음으로 행하지 않으면 『법화경』에 굴리게 되나니, 마음이 바르면 『법화경』을 굴리고 마음이 삿되면 『법화경』에 굴리게 되느니라. 부처님의 지견을 열면 『법화경』을 굴리고 중생의 지견을 열면 『법화경』에 굴리게 되느니라."

대사께서 말씀하셨다.

"힘써 법대로 수행하면 이것이 곧 경을 굴리는 것이니라."

법달은 한 번 듣고 그 말끝에 크게 깨달아 눈물을 흘리고 슬피 울면서 스스로 말하였다.

"큰스님이시여, 실로 지금까지 『법화경』을 굴리지 못하였습니다. 7년을 『법화경』에 굴리어 왔습니다. 지금부터는 『법화경』을 굴려서 생각 생각마다 부처님의 행을 수행하겠습니다."

대사께서 말씀하셨다.

"부처님 행이 곧 부처님이니라."

그때 듣는 사람들 중 깨치지 않은 이가 없었다.

○ 수행불행(修行佛行, 부처님 행을 수행하다) … 깨친 뒤에는 부처님 행을 수행한다고 하였다. 돈오견성(頓悟見性)이 성불이어서, 성불한 다음에는 점수(漸修)가 있을 수 없기 때문이다.

『금강경』 '제8분 육조해의(六祖解義)'에 "행동불행 천리불행(行同佛行踐履佛行)"이라 하였고, 또한 '제12분'에는 "상수불행(常修佛行)"이라고 하였다.

"수행불행"을 대승사본에는 "원수불행(願修佛行)", 홍성사본에는 "방수불행(方修佛行)"이라 하였고, 유통본(流通本)에는 모두 누락되었으나, 돈황·대승·홍성의 세 고본(古本)에 실려 있으므로 상관이 없다.

26. 참청(參請)
- 예배하고 법을 물음

▼ 時有一僧 名智常하야 來曹溪山하야 禮拜和尙하고 問(聞)四乘法義하니 智常이 問(聞)和尙曰 佛說三乘하고 又言最上乘하야 弟子不解하니 望爲敎(敬)示하소서 惠能大師曰 汝自身心見하고 莫著外法相하라 元無四乘法이니라 人心自有(不量)四等하야 法有四乘이니 見聞讀誦이 是小乘이요 悟〔法〕解義是中乘이며 依(衣)法修行이 是大乘이요 萬法을 盡通하며 萬行(幸)俱備하야 一切無離하되 但離法相하야 作無所得(德)이 是最上乘이니 乘是「最上」行義요 不在口諍하니 汝須自修하고 莫問吾(悟)也어다

그 무렵 지상이라고 하는 한 스님이 조계산에 와서 큰스님께 예배하고 사승법(四乘法)의 뜻을 물었다.

지상이 큰스님께 여쭈었다.

"부처님은 삼승을 말씀하시고 또 최상승을 말씀하시었습니다. 제자는 알지 못하겠사오니 가르쳐 주시기 바랍니다."

혜능대사가 말씀하셨다.

"너는 자신의 마음으로 보고 바깥 법의 모양에 집착하지 말라. 원래 사승법이란 없느니라. 사람의 마음이 스스로 네 가지로 나누어 법에 사승이 있을 뿐이다. 보고 듣고 읽고 욈은 소승이요, 법을 깨쳐 뜻을 앎은 중승이며, 법을 의지하여 수행함은 대승이요, 일만 가지 법을 다 통달하고 일만 가지 행을 갖추어 일체를 떠남이 없으되 오직 법의 모양을 떠나고 짓되, 얻는 바가 없는 것이 최상승이니라. 승(乘)은 행한다는 뜻이요 입으로 다투는 것에 있지 않다. 너는 모름지기 스스로 닦고 나에게 묻지 말라."

▽ 又有一僧 名神會하니 南陽人也라 至曹溪山하야 禮拜問言하되 和尙坐(座)禪은 見가 亦不見가 大師起打神會三下하고 却問神會하되 吾打汝하니 痛가 不痛가 神會答言하되 亦痛亦不痛이니다 六祖言曰 吾亦見亦不見이니라 神會又問 大師는 何以亦見亦不見이닛고 大師言 吾亦見은 常見自過患일새 故云亦見이요 亦不見者는 不見天地人過罪라 所以亦見亦不見(也)이니라 汝의 亦痛亦不痛은 如何오 神會答曰 若不痛이면 卽同無情木石이요 若痛이면 卽同凡〔夫〕하야 卽起於恨이니다 大師言 神會야 向前의 見不見은 是兩邊이요 痛〔不痛〕은 是生滅이니라 汝自性을 且不見하고 敢來弄人가 神會(禮拜)禮拜하고 更不言한대 大師言 汝心

迷不見하면 問善知識覓路하야 以心悟自見하면 依法修行하라 汝自迷(名)하야 不見自心하고 却來問惠能見否아 吾見(不)自知라 代汝迷不得하노니 汝若自見하면 代得吾迷리오 何不自修하고 問吾見否아 神會作禮하고 便爲門人하야 不離曹溪山中하야 常在左右하니라

또 한 스님이 있었는데 이름을 신회라고 하였으며 남양 사람이다. 조계산에 와서 예배하고 물었다.
"큰스님은 좌선하시면서 보십니까, 보지 않으십니까?"
대사께서 일어나서 신회를 세 차례 때리시고 다시 신회에게 물었다.
"내가 너를 때렸다. 아프냐, 아프지 않으냐?"
신회가 대답하였다.
"아프기도 하고 아프지 않기도 합니다."
육조스님께서 말씀하셨다.
"나는 보기도 하고 보지 않기도 하느니라."
신회가 또 여쭈었다.
"큰스님은 어째서 보기도 하고 보지 않기도 하십니까?"
대사께서 말씀하셨다.
"내가 본다고 하는 것은 항상 나의 허물을 보는 것이다. 그러므로 본다고 말한다. 보지 않는다고 하는 것은 하늘과 땅과 사람의 허물과 죄를 보지 않는 것이다. 그 까닭에 보기도 하고 보지 않기도 하느니라. 네가 아프기도 하고 아프지 않기도 하

다 했는데 어떤 것이냐?"

신회가 대답하였다.

"만약 아프지 않다고 하면 곧 무정인 나무와 돌과 같고, 아프다 하면 곧 범부와 같아서 이내 원한을 일으킬 것입니다."

대사께서 말씀하셨다.

"신회야, 앞에서 본다고 한 것과 보지 않는다고 한 것은 양변(兩邊)이요, 아프고 아프지 않음은 생멸이니라. 너는 자성을 보지도 못하면서 감히 와서 사람을 희롱하려 드는가?"

신회가 예배하고 다시 더 말하지 않으니, 대사께서 말씀하셨다.

"네 마음이 미혹하여 보지 못하면 선지식에게 물어서 길을 찾아라. 마음을 깨쳐서 스스로 보게 되면 법을 의지하여 수행하라. 네가 스스로 미혹하여 자기 마음을 보지 못하면서 도리어 와서 혜능의 보고 보지 않음을 묻느냐? 내가 보는 것은 내 스스로 아는 것이라 너의 미혹함을 대신할 수 없느니라. 만약 네가 스스로 본다면 나의 미혹함을 대신하겠느냐? 어찌 스스로 닦지 아니하고 나의 보고 보지 않음을 묻느냐?"

신회가 절하고 바로 문인이 되어 조계산중을 떠나지 않고 항상 좌우에 모시었다.

○ 최상승(最上乘) … 삼승(三乘)을 초월한 최존최상제일(最尊最上第一)의 선문(禪門)이다.

27. 대법(對法)
– 상대 법

▼ 大師遂喚門人法海, 志誠, 法達, 智常, 志通, 志徹, 志道, 法珍, 法如, 神會하야 大師言하되 汝等拾弟子는 近前하라 汝等은 不同餘人이니 吾滅度後에 汝各爲一方頭하리니 吾敎汝說法하야 不失本宗케 하리라 擧〔三〕科法門과 動〔用〕三十六對하야 出沒에 卽離兩邊하라 說一切法하되 莫離於性相이니 若有人이 問法이어든 出語盡雙하야 皆取法對하야 來去相因하야 究(允)竟에 二法을 盡除하야 更無去處케 하라 三科法門者는 蔭界入이니 蔭是五蔭이요 界〔是〕十八界요 〔入〕是十二入이니라 何名五蔭고 色蔭, 受蔭, 想(相)蔭, 行蔭, 識蔭이 是요 何名十八界오 六塵, 六門, 六識이며 何名十二入고 外六塵과 中六門이라 何名六塵고 色聲香味觸(未獨)法이 是며 何名六門고 眼耳鼻舌身意가 是라 法性이 起六識인 眼識耳識鼻識舌識身識意識과 六門六塵하야 自性이 含萬法하니 名爲含藏識이니 思量卽轉識하야 生六識하야

出六門(見)六塵하니 是三六十八이라 由自性邪하야 起十八
邪하고 含自性(正하야 起)十八正이니라 含惡用卽衆生이요
善用卽佛이니 用由(油)何等고 由(油)自性對로다

대사께서 드디어 문인 법해·지성·법달·지상·지통·지철·지
도·법진·법여·신회 등을 불렀다.
대사께서 말씀하셨다.
"너희들 열 명의 제자들은 앞으로 가까이 오너라. 너희들은
다른 사람들과 같지 않으니, 내가 세상을 떠난 뒤에 너희들은
각각 한 곳의 어른이 될 것이다. 그러므로 내가 너희들에게 법
설하는 것을 가르쳐서 근본 종취를 잃지 않게 하리라.
　삼과의 법문(三科法門)을 들고 동용삼십육대(動用三十六對)
를 들어서 나오고 들어감에 곧 양변을 여의도록 하여라.
　모든 법을 설하되 성품과 모양을 떠나지 말라. 만약 사람들
이 법을 묻거든 말을 다 쌍(雙)으로 해서 모두 대법(對法)을 취
하여라. 가고 오는 것이 서로 인연하여 구경에는 두 가지 법을
다 없애고 다시 가는 곳마저 없게 하라.
　삼과법문이란 음(陰)·계(界)·입(入)이다. 음은 오음(五陰)이
요 계는 십팔계(十八界)요 입은 십이입(十二入)이니라.
　어떤 것을 오음이라고 하는가?
　색음·수음·상음·행음·식음이니라.
　어떤 것을 십팔계라고 하는가?
　육진(六塵)·육문(六門)·육식(六識)이니라.

어떤 것을 십이입(十二入)이라고 하는가?

바깥의 육진과 안의 육문이니라.

어떤 것을 육진이라고 하는가?

색·성·향·미·촉·법이니라.

어떤 것을 육문이라고 하는가?

눈·귀·코·혀·몸·뜻이니라.

법의 성품이 육식인 안식·이식·비식·설식·신식·의식의 육식과 육문과 육진을 일으키고 자성은 만법을 포함하나니, 함장식(含藏識)이라고 이름하느니라.

생각을 하면 곧 식(識)이 작용하여 육식이 생겨 육문으로 나와 육진을 본다. 이것이 삼(三)·육(六)은 십팔(十八)이니라.

자성이 삿되기 때문에 열여덟 가지 삿됨이 일어나고, 자성이 바름(正)을 포함하면 열여덟 가지 바름이 일어나느니라.

악의 작용을 지니면 곧 중생이요, 선이 작용하면 곧 부처이니라.

작용은 무엇들로 말미암는가?

자성의 대법으로 말미암느니라.

▼ 外境無情이 對有五하니 天與地對며 日與月對며 暗與明對며 陰與陽對며 水與火對니라 語與言對와 法與相對는 有十二對하니 有爲無爲有色無色對며 有相無相對며 有漏無漏對며 色與空對, 動與靜(淨)對, 淸與濁對, 凡與聖(性)對, 僧與俗對, 老與少對, 大大與少少對, 長與短對, 高與

下對니라 自性「居」起用對에 有十九對하니 邪與正對, 癡與惠對, 愚與智對, 亂與定對, 戒與非對, 直與曲(典)對, 實與虛對, 山僉與平對, 煩惱與菩提對, 慈與害(空)對, 喜與嗔對, 捨與慳對, 進與退對, 生與滅對, 常與無常對, 法身與色身對, 化身與報身對, 體與用對, 性與相〔對〕니라 有情(淸)無情(親)對인 言語와 與法相에 有十二對와 「內」外境有無〔情〕五對와 自性起有十九對(三身有三對)가 都合成三十六對法也니 此三十六對法을 解用하면 通一切經하야 出入에 卽離兩邊하나니 如何自性起用고 三十六對共人言語하나 出外에 於〔相〕離相하고 入內에 於空離空하니 著空卽惟長無明(名)이요 著相惟〔長〕邪見이라 謗法하야 直言不用文字라 하나 旣云不用文字인댄 人不合言語니 言語卽是文字니라 自性上說空하나 正語言하면 本性이 不空하니 迷自惑은 語言邪(除)故라 暗不自暗이요 以明(名)故暗이며 暗不自暗이요 以明(名)變暗이라 以暗現明하야 來去相因하니 三十六對도 亦復如是니라

바깥 경계인 무정(無情)에 다섯 대법이 있으니, 하늘과 땅이 상대요 해와 달이 상대이며 어둠과 밝음이 상대이며 음과 양이 상대이며 물과 불이 상대니라.

논란하는 말〔語〕과 직언하는 말〔言〕의 대법과 법과 형상의 대법에 열두 가지가 있다. 유위와 무위·유색과 무색이 상대

이며, 유상과 무상이 상대이며, 유루와 무루가 상대이며, 현상〔色〕과 공이 상대이며, 움직임과 고요함이 상대이며, 맑음과 흐림이 상대이며, 범(凡)과 성(聖)이 상대이며, 승(僧)과 속(俗)이 상대이며, 늙음과 젊음이 상대이며, 큼과 작음이 상대이며, 김〔長〕과 짧음〔短〕이 상대이며, 높음과 낮음이 상대이니라.

자성이 일으켜 작용하는 대법에 열아홉 가지가 있다. 삿됨과 바름이 상대요, 어리석음과 지혜가 상대이며, 미련함과 슬기로움이 상대요, 어지러움과 선정이 상대이며, 계율과 잘못됨이 상대이며, 곧음과 굽음이 상대이며, 실(實)과 허(虛)가 상대이며, 험함과 평탄함이 상대이며, 번뇌와 보리가 상대이며, 사랑과 해침이 상대이며, 기쁨과 성냄이 상대이며, 버림과 아낌이 상대이며, 나아감과 물러남이 상대이며, 남〔生〕과 없어짐〔滅〕이 상대이며, 항상함과 덧없음이 상대이며, 법신과 색신이 상대이며, 화신과 보신이 상대이며, 본체와 작용이 상대이며, 성품과 모양이 상대이니라.

유정·무정의 대법인 어(語)·언(言)과 법(法)·상(相)에 열두 가지 대법이 있고, 바깥 경계인 무정에 다섯 가지 대법이 있으며, 자성이 일으켜 작용하는 데 열아홉 가지의 대법이 있어서 모두 서른여섯 가지 대법을 이루니라. 이 삼십육 대법을 알아서 쓰면 일체의 경전에 통하고 출입에 곧 양변을 떠난다. 어떻게 자성이 기용(起用)하는가?

삼십육 대법이 사람의 언어와 더불어 함께하나 밖으로 나와서는 모양에서 모양을 떠나고, 안으로 들어와서는 공(空)에서 공을 떠나나니, 공에 집착하면 오직 무명만 기르고 모양에 집착하면 오직 사견만 기르느니라.

법을 비방하면서 곧 말하기를, '문자를 쓰지 않는다'고 한다. 그러나 이미 문자를 쓰지 않는다고 말할진대는 사람이 말하지도 않아야만 옳을 것이다. 언어가 곧 문자이기 때문이다.

자성에 대해서 공(空)을 말하나 바른 말로 말하면 본래의 성품은 공하지 않으니 미혹하여 스스로 현혹됨은 말들이 삿된 까닭이니라.

어둠이 스스로 어둡지 아니하나 밝음 때문에 어두운 것이다. 어둠이 스스로 어둡지 아니하나 밝음으로써 변화하여 어둡고, 어둠으로써 밝음이 나타나나니, 오고 감이 서로 인연한 것이다. 삼십육 대법도 또한 이와 같으니라."

▼ 大師言 十弟子하되 已後傳法하야 遞(迎)相教授一卷 壇經하야 不失本宗하라 不禀受(授)壇經하면 非我宗旨니라 如今得了하니 遞(迎)代流行하라 得遇壇經者는 如見吾親授니라 拾僧이 得教授已하고 寫爲壇經하야 遞(迎)代流行하니 得者必當見性이로다

대사께서 열 명의 제자들에게 말씀하셨다.
"이후에 법을 전하되 서로가 이 한 권의 『단경』을 가르쳐 주어 본래의 종취를 잃어버리지 않게 하라. 『단경』을 이어받지 않는다면 나의 종지가 아니니라.

이제 얻었으니 대대로 유포하여 행하게 하라.

『단경』을 만나 얻은 이는 내가 친히 주는 것을 만남과 같으니라."

열 명의 스님들이 가르침을 받아 마치고 『단경』을 베껴 써서 대대로 널리 퍼지게 하니, 얻은 이는 반드시 자성을 볼 것이다.

○ 즉리양변(卽離兩邊, 양변을 떠남) … 양변을 떠남은 중도(中道)를 말한 것이니, 불교의 근본 원리이다. 석존은 초전법륜(初轉法輪)에서 녹야원 다섯 비구들에게 "여래는 양변을 떠난 중도를 정등각(正等覺)하였다."고 유명한 '중도선언'을 하였다. 용수(龍樹)도 그의 『대지도론(大智度論) 43』에서 양변을 떠난 중도는 반야바라밀이라고 상세히 말하였으니, 육조가 항상 고창(高唱)한 반야는 곧 중도를 말한다.

28. 진가(眞假)
  - 참됨과 거짓

▼ 大師先天二年八月三日에 滅度할새 七月八日에 喚門人告別하고 大師〔先〕天元年에 於新(樟)州國恩寺造塔하고 至先天二年七月告別하니라 大師言하되 汝衆은 近前하라 吾(五)至八月欲離世間하노니 汝等은 有疑早問하라 爲汝(外)破疑하야 當令迷者盡하야 使汝(與)安樂하리니 吾若去後에는 無人(入)敎汝(與)하리라 法海等衆僧이 聞已하고 涕淚悲泣하되 唯有神會가 不動亦不悲泣커늘 六祖言하되 神會小僧은 却得善〔不善〕等하야 毁譽不動하나 餘(除)者는 不得이로다 數年을 山中에 更修何道며 汝今悲泣은 更有阿誰하야 憂吾不知去處在아 若不知去處런들 終不別汝리오 汝等悲泣은 卽不知吾〔去〕處니 若知去處하면 卽不悲泣이니라 性體(聽)가 無生無滅하며 無去無來하니 汝等은 盡坐(座)하라 吾與汝(如)一偈하노니 眞假動靜(淨)偈라 汝(與)等은 盡誦取하야 見此偈意하면 汝〔與〕吾同이니라 依(於)此

修行하야 不失宗旨하라 僧衆禮拜하고 請大師留偈하야 敬心受持(特)니라 偈曰

　一切無有眞하니 不以見於眞하라
　若見於(衣)眞者는 是見이 盡非眞이로다
　若能自有眞하면 離假卽心眞이요
　自心이 不離假라 無眞이어니 何處眞고
　有情(性)은 卽解動이요 無情(性)은 卽不動이니
　若修不動行이면 同無情不動이라
　若見眞不動하면 動上에 有不動이니
　不動이 是不動이면 無情無佛種(衆)이로다
　能善分別相하되 第一義不動이니
　若悟作此見하면 則是眞如用이니라
　報諸學道者하노니 努力須用意하야
　莫於大乘門에 却執生死智하라
　前頭人相應하면 卽共論佛語어니와
　若實不相應인댄 合掌令歡喜(勸善)하라
　此敎는 本無諍이라 無諍하면 失道意리오
　執迷諍法門하면 自性이 入生死로다

대사께서는 선천 2년 8월 3일에 돌아가셨다. 7월 8일에 문인들을 불러 고별하시고, 선천 원년에 신주 국은사에 탑을 만들고 선천 2년 7월에 이르러 작별을 고하셨다.

대사께서 말씀하셨다.

"너희들은 앞으로 가까이 오너라. 나는 팔월이 되면 세상을 떠나고자 하니 너희들은 의심이 있거든 빨리 물어라.

너희들을 위하여 의심을 부수어 마땅히 미혹을 다 없애어 너희들로 하여금 안락하게 하리라. 내가 떠난 뒤에는 너희들을 가르쳐 줄 사람이 없으리라."

법해를 비롯한 여러 스님들이 듣고 눈물을 흘리며 슬피 울었으나, 오직 신회만이 꼼짝하지 아니하고 울지도 않으니 육조스님께서 말씀하셨다.

"어린 신회는 도리어 좋고 나쁜 것에 대하여 평등함을 얻어 헐뜯고 칭찬함에 움직이지 않으나, 나머지 사람들은 그렇지 못하구나.

그렇다면 여러 해 동안 산중에서 무슨 도를 닦았는가? 너희가 지금 슬피 우는 것은 또 누구를 위함인가? 나의 가는 곳을 너희가 몰라서 근심하는 것인가? 만약 내가 가는 곳을 모른들 마침내 너희에게 고별하지 않겠느냐?

너희들이 슬피 우는 것은 곧 나의 가는 곳을 몰라서이다. 만약 가는 곳을 안다면 곧 슬피 울지 않으리라.

자성의 본체는 남도 없고 없어짐도 없으며 감도 없고 옴도 없느니라.

너희들은 다 앉거라. 내 너희들에게 한 게송을 주노니, '진가동정게(眞假動靜偈)'이다. 너희들이 다 외어 이 게송의 뜻을 알면 너희는 나와 더불어 같을 것이다. 이것을 의지하여 수행해서 종지를 잃지 말라."

스님들이 예배하고 대사께 게송 남기시기를 청하고 공경하는 마음으로 받아 가졌다.

게송에 말씀하셨다.

모든 것에 진실이 없나니 진실을 보려고 하지 말라.
만약 진실을 본다 해도 그 보는 것은 다 진실이 아니다.
만약 능히 자기에게 진실이 있다면 거짓을 떠나는 것이 곧 마음의 진실이다.
자기의 마음이 거짓을 여의지 않아 진실이 없거니, 어느 곳에 진실이 있겠는가?
유정은 곧 움직일 줄을 알고 무정은 움직이지 않나니
만약 움직이지 않는 행을 닦는다면 무정의 움직이지 않음과 같다.
만약 참으로 움직이지 않음을 본다면
움직임 위에 움직이지 않음이 있나니
움직이지 않음이 움직이지 않음이면 뜻도 없고 부처의 씨앗도 없도다.
능히 모양을 잘 분별하되 첫째 뜻은 움직이지 않는다.
만약 깨쳐서 이 견해를 지으면 이것이 곧 진여의 씀이니라.
모든 도를 배우는 이에게 말하노니 모름지기 힘써 뜻을 써서 대승의 문에서 도리어 생사의 지혜에 집착하지 말라.
앞의 사람이 서로 응하면 곧 함께 부처님 말씀을 의논하려

니와

　만약 실제로 서로 응하지 않으면 합장하여 환희케 하라.

　이 가르침은 본래 다툼이 없음이라 다투지 않으면 도의 뜻을 잃으리오.

　미혹함에 집착하여 법문을 다투면 자성이 생사에 들어가느니라.

29. 전게(傳偈)
- 게송을 전함

▼ 衆僧이 既聞하야 識大師意하야 更不敢諍하고 依法修行하야 一時禮拜하니 即知(之)大師不永住世니라 上座法海向前言하되 大師여 大師去後에는 衣法을 當付何人고 大師言 法即付了하니 汝不須問이어다 吾滅後二十餘年에 邪法撩(遼)亂하야 惑我宗旨할새 有人出來하야 不惜身命하고 定(第)佛教是非하야 竪立宗旨하리니 即是吾正法이라 衣不合傳(轉)이니 汝不信인댄 吾與誦先代五祖傳衣付法頌(誦)하리라 若據第一祖達摩頌意하면 即不合傳衣니 聽하라 吾(五)與汝誦(頌)하리라 頌曰

第一祖達摩和尚 頌曰
　吾本(大)來唐國하야 傳教(木教)救迷情(名淸)하노니
　一花開五葉하야 結果(菓)自然成이로다
第二祖惠可和尚 頌曰
　本來緣有地하야 從地種花生하니

當本元(願)無地하면 花從何處生고
第三祖僧璨(璨)和尙 頌曰
　　花種雖因地하야 地上種花(化)生이나
　　花種無生性이라 於地亦無生이로다
第四祖道信和尙 頌曰
　　花種有生性하야 因地種花生하니
　　先緣不和合하면 一切盡無生이로다
第五祖弘忍和尙 頌曰
　　有情來下種하야 無情花卽生하고
　　無情又無種이라 心地亦無生이로다
第六祖惠能和尙 頌曰
　　心地含情種하야 法雨卽花生이라
　　自悟(吾)花情種하니 菩提果(菓)自成이로다
能大師言하되 汝等은 聽吾作二頌하라 取達摩和尙頌意니
汝迷人이 依此頌修行하면 必當見性하리라
第一頌曰
　　心地에 邪花放하니 五葉이 逐根隨하야
　　共造無明業(葉)하야 見被業(葉)風吹로다
第二頌曰
　　心地에 正花放하니 五葉이 逐根(恨)隨하야
　　共修般若惠하야 當來佛菩提로다
六祖說偈已了하고 放衆生散하니 門人이 出外思惟하야 卽

知大師不久住世니라

　대중스님들은 다 듣고 대사의 뜻을 알았으며, 다시는 감히 다투지 아니하고 법을 의지하여 수행하였다. [대중이] 일시에 예배하니, 곧 대사께서 세상에 오래 머무르시지 않을 것임을 알았다.

　상좌인 법해가 앞으로 나와 여쭈었다. "큰스님이시여, 큰스님께서 가신 뒤에 가사와 법을 마땅히 누구에게 부촉하시겠습니까?"

　대사께서 말씀하셨다.

　"법은 전하여 마쳤으니 너희는 모름지기 묻지 말라. 내가 떠난 뒤 이십여 년에 삿된 법이 요란하여 나의 종지를 혹란케 할 것이다. 그러나 어떤 사람이 나와서 몸과 목숨을 아끼지 않고 불교의 옳고 그름을 결정하여 종지를 세우리니, 이것이 곧 나의 바른 법이다. 그러므로 가사를 전하는 것은 옳지 않다. 너희가 믿지 않을 때는 내가 선대의 다섯 분 조사께서 가사를 전하고 법을 부촉하신 게송들을 외어 주리라.

　만약 제일조 달마조사의 게송의 뜻에 의거하면 곧 가사를 전하는 것은 옳지 않다. 잘 들어라. 내가 너희를 위하여 외리라."

　게송에 말씀하셨다.

　"제1조 달마화상의 게송에 말씀하셨다.

　내 본시 당나라에 와서 부처님 가르침을 전하여 미혹한 중생을 구하노니

한 꽃에 다섯 잎이 열리어 그 결과가 자연히 이루리로다.
제2조 혜가스님의 게송에 말씀하셨다.
본래 땅이 있는 까닭에 땅으로부터 씨앗 꽃 피나니
만약 본래로 땅이 없다면 꽃이 어느 곳으로부터 피어나리오.
제3조 승찬스님의 게송에 말씀하셨다.
꽃씨가 비록 땅을 인연하여 땅 위에 씨앗 꽃을 피우나
꽃씨는 나는 성품이 없나니 땅에도 또한 남이 없도다.
제4조 도신스님의 게송에 말씀하셨다.
꽃씨에 나는 성품 있어 땅을 인연하여 씨앗 꽃이 피나
앞의 인연이 화합하지 않으면 모든 것이 다 나지 않는도다.
제5조 홍인스님의 게송에 말씀하셨다.
유정이 와서 씨 뿌리니 무정이 꽃을 피우고
정도 없고 씨앗도 없나니 마음 땅에 또한 남이 없도다.
제6조 혜능의 게송에 말한다.
마음의 땅이 뜻의 씨앗을 머금으니 법의 비가 꽃을 피운다.
스스로 꽃 뜻의 씨앗을 깨달으니, 보리의 열매가 스스로 이루는도다."

혜능대사께서 말씀하셨다.

"너희들은 내가 지은 두 게송을 들으라. 달마스님의 게송의 뜻을 취하였으니 너희 미혹한 사람들은 이 게송을 의지하여 수행하라. 그러면 반드시 자성을 보리라."

첫째 게송에 말씀하셨다.

마음 땅에 삿된 꽃이 피니 다섯 잎이 뿌리를 좇아 따르고 함께 무명의 업을 지어 업의 바람에 나부낌을 보는도다.
둘째 게송에 말씀하셨다.
마음 땅에 바른 꽃이 피니 다섯 잎이 뿌리를 좇아 따르고
함께 반야의 지혜를 닦으니 장차 오실 부처님의 깨달음이로다.

육조스님께서 게송을 말씀하여 마치시고 대중을 해산시켰다. 밖으로 나온 문인들은 생각하였으니, 대사께서 세상에 오래 머무르지 않으실 것임을 알았다.

○ "내가 떠난 뒤 이십여 년〔滅後二十餘年〕" 운운한 것은 신회(神會)에게 해당된 것으로, 이 말은 신회 계통에서 조작한 것이 아닌가 의심을 하고 있다.

30. 전통(傳統)
– 법을 전한 계통

▼ 六祖後至八月三日하야 食後에 大師言하되 汝等著(善)位坐(座)하라 吾(五)今共汝(與)等別하리라 法海問(聞)言하되 此頓敎法傳授(受)는 從上已來로 至今幾代닛고 六祖言 初傳授(受)七佛하니 釋迦牟尼佛은 第七이라

　大迦葉第八, 阿難第九,
　末(未)田地第十, 商那和修第十一,
　優婆掬多第十二, 提多迦第十三,
　佛陀(陁)難提第十四, 佛陀(陁)蜜多第十五,
　脇比丘第十六, 富那奢第十七,
　馬鳴第十八, 毗羅長者第十九,
　龍樹第二十, 迦那提婆第廿一,
　羅目候羅第廿二, 僧迦那提第廿三,
　僧迦耶(那)舍第廿四, 鳩摩羅䭾第廿五,
　闍耶多第廿六, 婆修盤多第廿七,

摩拏羅第卄八, 鶴勒那第卄九,
師子比丘第卅, 舍那婆斯第卅一,
優婆堀第卅二, 僧迦羅第三十三,
須婆蜜多第三十四, 南天竺(竹)國王子第三子菩提達摩
第三十五,
唐國僧惠可第三十六, 僧璨(王祭)第三十七,
道信第三十八, 弘忍第三十九,
惠能自身은 當今受法第四十(十四)이니라
大師言 今日已後로 遞(迎)相傳授(受)하야 須有依約하야
莫失宗旨하라

그 뒤, 육조스님께서는 8월 초삼일에 이르러 공양 끝에 말씀하셨다.
"너희들은 차례를 따라 앉아라. 내 이제 너희들과 작별하리라."
법해가 여쭈었다.
"이 돈교법의 전수는 예로부터 지금까지 몇 대입니까?"
육조스님께서 말씀하셨다.
"처음은 일곱 부처님으로부터 전수되었으니, 석가모니불은 그 일곱째이시다.
대가섭은 제팔, 아난은 제구,
말전지는 제십, 상나화수는 제십일,
우바국다는 제십이, 제다가는 제십삼,
불타난제는 제십사, 불타밀다는 제십오,

협비구는 제십육, 부나사는 제십칠,

마명은 제십팔, 비라장자는 제십구,

용수는 제이십, 가나제바는 제이십일,

라후라는 제이십이, 승가나제는 제이십삼,

승가야사는 제이십사, 구마라타는 제이십오,

사야타는 제이십육, 바수반다는 제이십칠,

마나라는 제이십팔, 학륵나는 제이십구,

사자비구는 제삼십, 사나바사는 제삼십일,

우바굴은 제삼십이, 승가라는 제삼십삼,

수바밀다는 제삼십사, 남천축국 왕자 셋째 아들 보리달마는 제삼십오,

당나라 스님 혜가는 제삼십육, 승찬은 제삼십칠,

도신은 제삼십팔, 홍인은 제삼십구,

나 혜능이 지금 법을 받은 것은 제사십대이니라."

대사께서 말씀하셨다.

"오늘 이후로는 서로서로 전수하여 모름지기 의지하고 믿어서 종지를 잃지 말라."

○ 옛 역사는 증빙의 불충분으로 고증(考證)이 어렵다. 종문법통(宗門法統)에 대하여 이설(異說)이 있긴 하나, 가섭으로부터 달마까지 28대설(二十八代說)은 육조스님과 같은 해에 입적한 영가의 『증도가』에서도 "28대는 서천의 기록이로다〔二十八代는 西天記로다〕."라고 하였다.

31. 진불(眞佛)
- 참 부처

▼ 法海又白 大師今去에 留付何法하야 令(今)後代人으로 如何見佛고 六祖言 汝聽하라 後代迷人이 但識衆生하면 卽能見佛이요 若不識衆生하면 覓佛萬劫하야도 不得見也니라 吾(五)今敎汝하야 識衆生하야 見佛하며 更留見眞佛解脫頌하리니 迷卽不見佛이요 悟者卽見이니라 法海願聞하노니 代代流傳하야 世世不絕하리다 六祖言 汝聽하라 吾與汝(汝與)說하리라 後代世人이 若欲覓佛이면 但識自(佛)心衆生하면 卽能識佛이니 卽緣有衆[生]하야 離衆生無佛心이니라

 迷卽佛이 衆生이요 悟卽衆生이 佛이며

 愚癡면 佛이 衆生이요 智惠는 衆生이 佛이니라

 心險(劍)하면 佛이 衆生이요 平等하면 衆生이 佛이니

 一生에 心若險(劍)하면 佛在衆生中이로다

 一念悟(吾)若平하면 卽衆生이 自佛이니

 我心自有佛이라 自佛이 是眞佛이니

自若無佛心하면 向何處求佛고

법해가 또 여쭈었다.

"큰스님께서 이제 가시면 무슨 법을 부촉하여 남기시어, 뒷세상 사람으로 하여금 어떻게 부처님을 보게 하시렵니까?"

육조스님께서 말씀하셨다.

"너희들은 들으라. 뒷세상의 미혹한 사람이 중생을 알면 곧 능히 부처를 볼 것이다. 만약 중생을 알지 못하면 만겁토록 부처를 찾아도 보지 못하리라. 내가 지금 너희로 하여금 중생을 알아 부처를 보게 하려고 다시 '참 부처를 보는 해탈의 노래〔見眞佛解脫頌〕'를 남기리니, 미혹하면 부처를 보지 못하고 깨친 이는 곧 보느니라.

법해는 듣기를 바라오며 대대로 유전하여 세세생생에 끊어지지 않게 하리이다."

육조스님께서 말씀하셨다.

"너희는 들으라. 내 너희들을 위하여 말하여 주리라.

만약 뒷세상 사람들이 부처를 찾고자 할 때는 오직 자기 마음의 중생을 알라. 그러면 곧 능히 부처를 알게 되는 것이니, 곧 중생이 있음을 인연하기 때문이며, 중생을 떠나서는 부처의 마음이 없느니라.

미혹하면 부처가 중생이요 깨치면 중생이 부처이며

우치하면 부처가 중생이요 지혜로우면 중생이 부처이니라.

마음이 험악하면 부처가 중생이요 마음이 평등하면 중생이

부처이니

  한평생 마음이 험악하면 부처가 중생 속에 있도다.
  만약 한 생각 깨쳐 평등하면 곧 중생이 스스로 부처이니
  내 마음에 스스로 부처가 있음이라 자기 부처가 참 부처이니
  만약 자기에게 부처의 마음이 없다면
  어느 곳을 향하여 부처를 구하리오."

▼ 大師言하되 汝等門人은 好住하라 吾留一頌하노니 名自性眞佛解脫頌이라 後代迷〔人〕이 聞(門)此頌意하면「意」卽見自心自性眞佛하리니 與汝此頌하야 吾共汝別하노라 頌曰
  眞如淨性이 是眞佛이요 邪見三毒이 是眞魔(摩)라
  邪見之人은 魔(摩)在舍하고 正見之(知)人에는 佛則過로다
  性中(衆)邪見三毒生이니 卽是魔王來住舍요
  正見自除(忽則)三毒心(生)하면 魔(摩)變成佛眞無假로다
  化身報身及淨身이여 三身이 元本是一身이니
  若向身中覓自見하면 卽是〔成〕佛菩提因이니라
  本從化(花)身生淨性이라 淨性이 常在化(花)身中하니
  性使化(花)身行正道하면 當來圓(員)滿眞無窮이로다
  婬性이 本身淸淨因이니 除婬卽無淨性身이라
  性中에 但自離五(吾)欲하면 見性刹那卽是眞이로다
  今生에 若悟(吾)頓敎門하면 悟卽眼前見世(性)尊이니
  若欲修行云覓佛인댄 不知何處欲求眞고

若能身中自有眞하면 有眞卽是成佛因이니
自不求眞外覓佛하면 去覓惣是大癡人이로다
頓敎法門을 今已留(者是西流)하니 救(求)度世人須自修하라
今報(保)世間學道者하노니 不依(於)此是大悠悠로다

대사께서 말씀하셨다.

"너희 문인들은 잘 있거라. 내가 게송 하나를 남기리니 '자성진불해탈송'이라고 이름 하느니라. 뒷세상에 미혹한 사람이 이 게송의 뜻을 들으면 곧 자기의 마음, 자기 성품의 참 부처를 보리라. 너희에게 이 게송을 주면서 내 너희와 작별하리라."

게송을 말씀하셨다.

진여의 깨끗한 성품이 참 부처요
삿된 견해의 삼독이 곧 참 마군(魔軍)이니라.
삿된 생각 가진 사람은 마군이 집에 있고,
바른 생각 가진 사람은 부처가 곧 찾아오는도다.
성품 가운데서 삿된 생각인 삼독이 나나니,
곧 마왕이 와서 집에 살고
바른 생각이 삼독의 마음을 스스로 없애면
마군이 변하여 부처 되나니, 참되어 거짓이 없도다.
화신과 보신과 정신(淨身)이여,
세 몸이 원래로 한 몸이니

만약 자신(自身)에게서 스스로 보는 것을 찾는다면
곧 부처님의 깨달음을 성취하는 씨앗이니라.
본래 화신으로부터 깨끗한 성품 나는지라,
깨끗한 성품은 항상 화신 속에 있고
성품이 화신으로 하여금 바른 길을 행하게 하면
장차 원만하여 참됨이 다함 없도다.
음욕의 성품은 본래 몸의 깨끗한 씨앗이니,
음욕을 없애고는 깨끗한 성품의 몸이 없다.
다만 성품 가운데 있는 다섯 가지 욕심을 스스로 여의면
찰나에 성품을 보나니, 그것이 곧 참(眞)이로다.
만약 금생에 돈교의 법문을 깨치면
곧 눈앞에 세존을 보려니와
만약 수행하여 부처를 찾는다고 할 때는
어느 곳에서 참됨을 구해야 할지 모르는도다.
만약 몸 가운데 스스로 참됨 있다면
그 참됨 있음이 곧 성불하는 씨앗이니라.
스스로 참됨을 구하지 않고 밖으로 부처를 찾으면,
가서 찾음이 모두가 크게 어리석은 사람이로다.
돈교의 법문을 이제 남겼나니
세상 사람을 구제하고 모름지기 스스로 닦으라.
이제 세간의 도를 배우는 이에게 알리노니,
이에 의지하지 않으면 크게 부질없으리로다.

○ 게송 가운데 "멱자견(覓自見)"을 "찾아서 스스로 본다."고 하면 견성(見性)으로 해석될 염려가 있으므로 "스스로 보는 것을 찾는다."고 번역하였다. 유통본에는 "약향성중능자견 즉시성불보리인(若向性中能自見 卽是成佛菩提因)"이라고 하였는 바, "성중자견(性中自見)"은 견성이며 "견성이 곧 성불"임은 『단경』의 근본사상으로써 성불하는 씨앗〔成佛因〕이 될 수 없으므로, 이는 크게 잘못된 것이며 '지침(指針)'에서 이미 지적하였다.

32. 멸도(滅度)

▼ 大師說偈已了하고 遂告門人曰 汝等은 好住하라 今共汝別하리라 吾去已後에 莫作世情悲泣하며 而受人吊問(門)錢帛하며 著孝衣하라 卽非聖法이며 非我弟子니라 如吾在日一種하야 一時端坐하야 但無動無靜(淨)하며 無生無滅하며 無去無來하며 無是無非하며 無住〔無往〕하야 坦(但)然寂靜(淨)하면 卽是大道니라 吾去已後에 但依(衣)法修行하면 共吾在日一種이요 吾若在世라도 汝違敎法하면 吾住無益이니라 大師云此語已하고 夜至三更에 奄然遷化(花)하니 大師春秋七十有六이러라

대사께서 게송을 말씀해 마치시고 드디어 문인들에게 알리셨다.
"너희들은 잘 있거라. 이제 너희들과 작별하리라.
내가 떠난 뒤에 세상의 인정으로 슬피 울거나, 사람들의 조문과 돈과 비단을 받지 말며, 상복을 입지 말라. 성인의 법이

아니며 나의 제자가 아니니라.

내가 살아 있던 날과 한가지로 일시에 단정히 앉아서 움직임도 없고 고요함도 없으며, 남도 없고 없어짐도 없으며, 감도 없고 옴도 없으며, 옳음도 없고 그름도 없으며, 머무름도 없고 감도 없어서 탄연히 적정하면 이것이 큰 도이니라.

내가 떠난 뒤에 오직 법에 의지하여 수행하면 내가 있던 날과 한가지일 것이나, 내가 만약 세상에 있더라도 너희가 가르치는 법을 어기면 내가 있은들 이익이 없느니라."

대사께서 이 말씀을 마치시고 밤 삼경에 이르러 문득 돌아가시니, 대사의 춘추는 일흔 여섯이었다.

▼ 大師滅度之(諸)日에 寺內異香氳氳하야 經數日不散하니 山崩(朋)地動하고 林木變白하며 日月無光하고 風雲失色이러라 八月三日에 滅度하고 至十一月하야 迎和尙神座於曹溪山葬하니 在龍龕之內에 白光이 出現하야 直上衝天하야 二日始散하니 韶州刺使韋璩(處)立碑하야 至今供養하니라

대사께서 돌아가신 날, 절 안은 기이한 향내가 가득하여 여러 날이 지나도 흩어지지 않았고, 산이 무너지고 땅이 진동하며 숲의 나무가 희게 변하고 해와 달은 광채가 없고 바람과 구름이 빛을 잃었다.

8월 3일에 돌아가시고 동짓달에 이르러 큰스님의 영구를 모시어 조계산에 장사지내니, 용감(龍龕) 속에서 흰 빛이 나타

나 곧장 하늘 위로 솟구치다가 이틀 만에 비로소 흩어졌으며, 소주 자사 위거는 비(碑)를 세우고 지금까지 공양하니라.

33. 후기(後記)

▼ 此壇經은 法海上座集이라 上座無常하니 付同學道漈하고 道漈無常하니 付門人悟眞하야 悟眞은 在嶺南曹溪山法興寺하야 見今傳授(受)此法하니라

이 『단경』은 상좌인 법해스님이 모은 것이다. 법해스님이 돌아가니 같이 배운 도제스님에게 부촉하였고, 도제스님이 돌아가니 문인 오진스님에게 부촉하였는데, 오진스님은 영남 조계산 법흥사에서 지금 이 법을 전수하니라.

▼ 如付此(山)法인댄 須得(德)上根(恨)智(知)니 心信佛法하야 立大悲持此經하야 以爲依(衣)承하야 於今不絶이로다

만약 이 법을 부촉할 때는 모름지기 상근기의 지혜라야 하며, 마음으로 불법을 믿어 큰 자비를 세우고 이 경을 지니고 읽어 의지를 삼아 이어받아서 지금까지 끊이지 않는다.

▼ 和尚은 本是韶州曲江縣(懸)人也라 如來入涅槃(盤)하고 法敎流東土하야 共傳無住하니 卽我心無住라 此眞菩薩이 說眞宗(示)하고 行實喩하야 唯敎大智人하니 是旨依(衣)라 凡度誓修修行行하야 遭難不退하며 遇苦能忍하야 福德深厚라사 方授此法이요 如根性이 不堪하고 材(林)量이 不得하면 須求此法하나 違律(立)不德者는 不得妄付壇經이라 告諸同道者하야 令知密(諸蜜)意하노라

〔법해〕스님은 본래 소주 곡강현 사람이다. 여래께서 열반하시고 법의 가르침이 동쪽 땅으로 흘러서 머무름이 없음을 함께 전하니, 곧 나의 마음이 머무름이 없음이로다.

이 진정한 보살이 참된 종취를 설하고 진실한 비유를 행하여 오직 큰 지혜의 사람만을 가르치나니, 이것이 뜻의 의지하는 바이다.

무릇 제도하기를 서원하고 수행하고 수행하되, 어려움을 만나서는 물러서지 않고, 괴로움을 만나서도 능히 참아 복과 덕이 깊고 두터워야만 바야흐로 이 법을 전할 것이다. 만약 근성이 감내하지 못하고 재량이 좋지 못하면 모름지기 이 법을 구하더라도 법을 어긴 덕 없는 이에게는 망령되이 『단경』을 부촉하지 말 것이니, 도를 같이하는 모든 이에게 알려 비밀한 뜻을 알게 하노라.

○ 도제(道漈)·오진(悟眞) … 도제는 법해(法海)의 동학(同學)이니

육조의 문인이요, 오진은 도제의 문인이니 육조의 손제자이다. 이는 단경 전수의 계맥(系脈)이니, 돈황원본은 오진 이전의 최고본(最古本)임이 분명하며, 일천여 년간 돈황석굴(敦煌石窟)에 비장(秘藏)되어 유통본처럼 뒷사람들의 첨삭(添削)이 없으므로 육조의 성의(聖意)를 전한 진본(眞本)으로 평가된다.

제3편

선교결(禪敎訣)

示 惟政大師
유정대사에게 보임

—
서산대사
西山大師

❷ 今禪者曰 此吾師之法也라 하며 今敎者曰 此吾師之法也라 하야 一法上에 同於同異於異하야 而指馬交諍하니 嗚呼라 其孰能訣之리오 然이나 禪是佛心이요 敎是佛語也니 敎也者는 自有言至於無言者也요 禪也者는 自無言至於無言者也라 自無言至於無言 則人莫得而名焉일새 强名曰心이라 하니 世人은 不知其由하고 謂學而知思而得이라 하니 是可憫也로다 敎者曰 敎中에도 亦有禪也云者하니 出於非聲聞乘이며 非緣覺乘이며 非菩薩乘이며 亦非佛乘之語也라 然이나 此는 禪家入門之初句요 非禪旨也며 世尊一代所說之敎也니라 譬如將三種慈悲之網하야 張三界生死之海하야 以小網으로 攬蝦蜆하고 ^{如人天小乘敎} 以中網으로 攬魴鱒하고 ^{如緣覺中乘敎} 以大網으로 攬鯨鼇하야 ^{如大乘圓頓敎} 俱置於涅槃之岸焉하니 此敎之序也라 其中에 有一物하야 鬐如朱火하며 爪如鐵戟하고 眼射日光하며 口吐風雷者하야 翻身一轉에 白浪이 滔天하고 山河震動이라 日月이 晦暝하야 超出乎三網之外하야 直上乎靑雲之端하야 注甘露而益群生焉하니 ^{正如祖門敎外別傳之機} 此는 禪之別於敎者也니라

요즈음 선(禪)을 하는 사람은 말하기를, "이것이 우리 스승의 법이다." 하고, 교(敎)를 하는 사람도 "이것이 우리 스승의 법이다."라고 말하면서 한 법을 가지고 서로 같다느니 다르다느니 하여 손가락과 말로 서로 다투고 있으니【손가락과 말[指馬]

…『장자』 '제물편'에서 쓸데없는 논쟁을 비유한 말), 슬프도다! 그 누가 능히 결단하겠는가?

그러나 선은 부처님의 마음이요 교는 부처님의 말씀이다. 교는 말이 있는 곳으로부터 말 없는 곳에 이르는 것이요, 선은 말 없는 곳으로부터 말 없는 곳에 이르는 것이다. 말 없는 곳으로부터 말 없는 곳에 이르면 그것을 누구도 무엇이라고 이름 할 수 없어 억지로 이름하여 마음이라고 한다. 세상 사람은 그 까닭을 알지 못하고 배워서 알고 생각하여 얻는다고 하니, 이는 실로 가엾은 일이다.

교를 하는 사람 중 "교 가운데도 또한 선이 있다."고 말하는 자가 있으니 이는 성문승도 아니며 연각승도 아니고 보살승도 아니며 불승도 아니라는 말에서 나온 것이다. 그러나 이는 선가(禪家) 입문의 첫 구절이요 선의 뜻은 아니며, 세존께서 한 평생 말씀하신 가르침(敎)인 것이다. 비유컨대 세 종류의 자비의 그물을 가지고 과거·현재·미래의 나고 죽음의 바다에 펴서 작은 그물로는 새우와 조개를 건지고 [인천소승교와 같음], 중간 그물로는 방어와 송어를 건지고 [연각의 중승교와 같음], 큰 그물로는 고래와 큰 자라를 건져서 [대승원돈교와 같음] 함께 열반의 언덕에 두는 것과 같으니, 이는 가르침의 순서이다.

그 가운데 한 물건이 있어서, 갈기는 시뻘건 불과 같고 발톱은 무쇠 창날과 같으며, 눈은 햇빛을 쏘고 입으로는 바람과 우레를 내뿜는다. 몸을 뒤쳐 한 번 구르면 흰 물결이 하늘에 닿고 산과 강이 진동하며, 해와 달이 어두워진다. 세 가지 그물을 뛰어넘어 바로 구름 위로 올라가서 감로수를 퍼부어 뭇 생명들에게 이로움을 주니【바로 조사문중의 교외별전의 기틀임】, 이는 선이 교와 다른 점이다.

○ 믿기 어려운 비유 같기는 하지만, 선의 뛰어남을 이 말로 능히 짐작할 것이다. 이 비유는 서산이 직접 만든 것이 아니라 예로부터 선·교의 우열을 가리는 데 쓰인 말이다.
그리고 화엄사상에 철저한 보조(普照)도 "교외별전은 교승보다 한층 더 뛰어나다〔教外別傳은 迥出教乘이라 -看話決疑論〕."고 하였고 또한 "교외별전이란 교학자만이 믿기 어렵고 들어가기 어려운 것이 아니라, 선종에서도 근기가 낮은 이도 또 얕게 아는 이도 망연하여 알지 못한다〔教外別傳은 非但教學者難信難入이요 亦乃當宗下根淺識도 茫然不知矣니라 -看話決疑論〕."고 하였으며, 또한 서산은 그의 『선교석(禪教釋)』에서 말하기를, "화엄소【청량 지음】에 이르기를, '원돈 위에 따로 한 종이 있다'고 하였으니, 이는 선문을 일컫는 것이다〔華嚴疏-清涼-에 云, 圓頓之上에 別有一種이라 하니 此는 禪門之謂也라〕."고 하였다. 이로써 선과 교의 차이가 이같이 큰 것을 알 수 있다.

▼ 此禪之法은 吾佛世尊도 亦別傳乎眞歸祖師者也요 非古佛之陳言也로다 今錯承禪旨者는 或以頓漸之門으로 爲正脈하며 或以圓頓之教로 作宗乘하고 或引外道書하야 說密旨하며 或以弄業識으로 爲本分하고 或以認光影하야 爲

自己者하며 至於恣行盲聾棒喝하야 無慚無愧者하니 是誠何心哉아 其謗法之愆을 余何敢言이리오

　이 선의 법은 우리 부처님 세존도 또한 진귀조사에게서 따로 전해 받은 것이며, 옛 부처의 케케묵은 말이 아니다. 요즈음 선의 뜻을 그릇 이어받은 자는 더러는 돈·점의 문으로 정맥을 삼으며, 더러는 원돈의 교로 종승을 삼고, 더러는 외도의 글을 인용하여 비밀한 뜻을 설하며, 더러는 업식을 희롱함으로써 본분을 삼고, 또 더러는 그림자를 인정하여 자신으로 삼는다. 심지어는 눈멀고 귀먹은 방할(棒喝)을 함부로 행하여 부끄러움도 없으니 이는 참으로 무슨 마음들인가? 법을 비방하는 그 허물을 내가 어찌 감히 말하겠는가?

　○ 돈오점수를 『수심결』에서 "돈·점의 양문(頓漸兩門)", "돈·점의 두 뜻(頓漸二義)"이라고 하였으니, 돈·점의 문은 돈오점수를 말한 것이다.
　돈오점수는 하택(荷澤)과 규봉(圭峰)이 먼저 주장하고 보조가 힘써 퍼뜨린 것으로서, 보조는 처음에는 돈오점수를 "달마의 법을 바로 이은 것(達磨正傳)"이라고 하다가 입적하기 한 해 전의 겨울에 출판된 『절요(節要)』의 첫머리에서 "하택은 지해종사라, 조계의 적자가 아니다(荷澤은 是知解宗師니 非曹溪嫡子라)."고 하여 종전의 주장과는 달리 돈오점수는 지해(知解)이며 조계의 정통이 아니요 교가의 행상(敎家行相)이라고 하였다. 이는 사상의 큰 변환이며 진전(進展)이라고 볼 수 있다.

원교의 극치(圓敎極致)는 화엄연기(華嚴緣起)로, 『간화결의론』에서 보조는 원돈신해(圓頓信解)인 여실언교(如實言敎)는 사구(死句)라고 단정하고 무애연기(無碍緣起)를 불법 지해의 병(知解之病)이라고 지적하여 평생 받들던 화엄사상을 원돈사구(圓頓死句)이며 지해지병(知解之病)이라는 대담한 발언을 하였으니, 그의 사상에 커다란 진전이 있었음을 볼 수 있다. 돈오점수와 원돈신해는 같은 내용이지만 서산(西山)은, 선의 뜻을 잘못 알고 돈·점의 문을 정맥으로 삼거나 원돈의 교를 종승(宗乘)으로 삼는 것은 큰 법을 비방하는 것이라고 확실히 말함으로써, 돈오점수와 원돈신해가 선의 정통이 아님을 잘 밝혀 주었다. 그러나 요즘의 선계(禪界)에는 아직도 돈오점수와 원돈신해를 선(禪)으로 오해하는 이가 많으니, 참으로 통탄하고도 남을 일이다.

○ 교외별전은 팔만장경과는 달리 가섭·아난으로 이심전심(以心傳心)하여 내려온 것이니, 선의 특색이다. 진귀조사설(眞歸祖師說)은 한국에만 있는 전설로서, 서산이 이를 인용하였으나 『선교결』의 본지(本旨)와는 상관이 없는 것이다.

▼ 吾所謂敎外別傳者는 非學而知思而得者也요 須窮心路絕然後에사 始可知也며 須經自肯點頭然後라사 始可得也니라 師不聞乎아 自釋尊이 拈花示衆에 迦葉이 破顏微笑로 乃至出於口而傳之於後日 達磨廓然無聖과 六祖善惡不思와 讓師車滯鞭牛와 思師廬陵米價와 馬祖吸盡西江과 石頭不會佛法이라 至於雲門胡餅과 趙州喫茶와 投

子沽油와 玄沙白紙와 雪峰輥毬와 禾山打鼓와 神山敲羅와 道吾作舞의 斯等은 皆先佛先祖의 同唱敎外別傳之曲也니 思量得麽아 擬議得麽아 可謂蚊子之上鐵牛也로다 今當末世에 多是劣機요 非別傳之機也라 故로 只貴圓頓門의 以理路義路와 心路語路로 生見聞信解者也요 不貴徑截門의 沒理路沒義路와 沒心路沒語路하야 沒滋味無摸索底上하야 打破漆桶者也로다 然則如之何而可也오 今師對八方衲子之輩하니 下刃要緊하고 不得穿鑿이요 直以本分徑截門活句로 敎伊自悟自得하야사 方是宗師의 爲人體裁也니라 若見學人이 不薦하고 便與拖泥說敎하면 瞎人眼不少니 若宗師違此法하면 則雖說法하야 天花亂墜하야도 總是癡狂外邊走也니라

　내가 말하는 교외별전이란 배워서 알며 생각으로 얻어지는 것이 아니라 모름지기 마음 길이 다하여 끊긴 뒤에야 비로소 알 수 있는 것이며, 스스로 알아 고개를 끄덕인 다음에야 비로소 얻을 수 있는 것이다. 그대는 듣지 못하였는가? 세존이 꽃을 들어 대중에게 보이시니 가섭이 얼굴 가득히 미소한 뒤로부터, 나아가서는 후세에 전한, 이른바 달마의 "툭 트이어 성(聖)이랄 것도 없다." 한 것과 육조대사의 "선·악을 생각하지 말라." 한 것과 회양의 "수레가 멈추니 소를 채찍질한다."고 한 것과 행사의 "여능의 쌀값"과 마조의 "서쪽 강물을 다 마심"과 석두의 "불법을 모른다." 함과 운문의 "호떡"과 조주의 "차 마

심"과 투자의 "기름 탑"과 현사의 "흰 종이"와 설봉의 "공 굴림"과 화산의 "북 두드림"과 신산의 "바라 두드림"과 도오의 "춤을 춤"에 이르기까지, 이들은 모두 옛 부처와 옛 조사들이 같이 교외별전의 곡조를 노래한 것이니, 생각으로 헤아릴 수 있겠는가, 머뭇거릴 수 있겠는가? 이는 모기가 무쇠 소를 물어뜯는 것과 같다고 할 것이다.

이제 말세에 이르러 낮은 근기는 많으나 이들이 교외별전의 근기가 아니므로 다만 원돈문의 이치의 길, 뜻의 길, 마음의 길, 말의 길로써 보고 듣고 믿고 아는 것〔見聞信解〕을 귀하게 여길 뿐으로 이치와 뜻과 마음과 말의 길이 끊어져 자미(滋味)가 없고 만지지 못하는 곳에서 칠통을 두드려 부수는 경절문(徑截門)을 귀하게 여기지 않는다.

그렇다면 어떻게 하여야 하는가? 이제 그대가 팔방의 납자 무리들을 접대할 때 칼을 쓰되 긴밀히 하여 (사량복탁으로) 억지로 이치에 닿지 않는 말을 하지 말 것이요, 바로 본분인 경절문의 활구로써 그들로 하여금 스스로 깨쳐 스스로 얻게 하여야만 할 것이니, 그것이 바야흐로 종사의 사람을 위하는 됨됨이니라.

만일에 배우는 사람이 이해하지 못함을 보고 문득 뻘밭으로 이끌어 교리를 말하면 사람의 눈을 멀게 함이 적지 않을 것이다. 만일에 종사가 이 법을 어기면, 비록 설법하매 하늘에서 꽃비가 어지러이 쏟아져 내릴지라도 이는 모두 어리석고 미쳐서 밖으로 내닫는 것이 될 뿐이다.

○ 설교(說敎)의 교(敎)는 『선가귀감』에서 "교라 함은 돈오점수이다〔敎也者는 頓悟漸修라〕."고 한 그것이다. 근기가 낮다고 하여 사구(死句)인 원돈신해·돈오점수로 사람을 가르치면 배우는 사람의 눈을 다 멀게 하며, 아무리 설법을 잘하여도 "어리석고 미쳐서 밖으로 내닫는다〔痴狂外邊走〕."고 하였으니, 무서운 경책이다. 서산도 『선가귀감』을 지은 시절【44세】에는, 돈오점수의 교의(敎義)를 먼저 배워 익힌 뒤에 교의 뜻을 놓아 버리고〔放下敎義〕참선하라고 지시하였다. 그러나 나이가 들어, 묘향산 금선대(金仙臺) 시절에 이르러서는 공부가 익어 가면서 사상도 바뀌어, 원돈·점수는 사구이며 지해의 병〔知解之病〕이니 "사람의 눈을 멀게 함이 적지 않다〔瞎人眼不少〕."고 하여 가르치지 못하게 하였고, 만일에 그를 따르지 않으면 "어리석고 미쳐서 밖으로 내닫는다."고 심히 나무랐으며, 또 한편으로 그의 『선교석(禪敎釋)』끝부분에서 "교를 중히 여기고 마음〔선〕을 가벼이 여기면 비록 많은 겁을 거쳐 닦더라도 모두 천마·외도가 된다〔重敎輕心〔禪〕하면 雖歷多劫하여도 盡作天魔外道라〕."고까지 극단적으로 말하였다.

보조는 서산과는 달리 원돈신해는 사구이며 불법 지해의 병이라고 배척하여 놓고도, 『간화결의론』 끝부분에서는 "증지가 현전(現前)한 사람은 오늘날 보기도 드물고 듣기도 드물기 때문에, 다만 화두참의문〔사구〕에 의지하여 바른 지견을 밝히는 것이 귀할 따름이다〔證智現前者는 今時에 罕見罕聞故로 今時에 但貴依話頭參意門〔死句〕하야 發明正知見耳라〕."고 하였으니, 보조는 이만큼 선종의 안목에 혼란이 있었다고 보아야 한다.

아무리 낮고 열등한 근기라 하여도 활구(活句)만으로 지도하여야 하거늘, 자기가 지적한 사구인 지해의 병을 거듭 권장하였으니, 결국 『간화결의론』도 용두사미가 되어 버렸다. 끝부분에서 "활구를 잘 참구하라〔參詳活句〕."고 말하였지만 활구를 잘 참구하는 것이 그의 진의일진대 "참의사구〔參意死句〕"를 어째서 거론했는지 모르겠다. 만일에 선종의 바른 법안을 가진 스승〔正眼宗師〕이라면 오직 활구로 나아갈 뿐 "참의사구"는 언급하지 않아야 한다. 다행히도 서산은 보조와는 달리 경절활구(徑截活句)로 일관하였으니 후세의 명훈(名訓)이 되었다.

▼ 若學人信此法則 雖今生에 未得徹悟라도 臨命終時에 不被惡業所牽하고 直入菩提正路也니라 昔馬祖一喝也에 百丈이 耳聾하고 黃檗이 吐舌하니 此는 臨濟宗之淵源也라 師必擇正脈하야 宗眼分明故로 如許縷縷하노니 後日에 莫辜負老僧也어다 若辜負老僧하면 則必辜負佛祖深恩也니 詳悉詳悉하라

만일에 배우는 사람이 이 법을 믿으면 비록 금생에 철저한 깨침을 얻지 못하여도 목숨을 마칠 때에 악한 업에 끌리지 않고 바로 깨달음의 바른 길에 들어가게 될 것이다. 옛날 마조가 한 번 소리치자 백장이 귀먹었고 황벽이 혀를 내둘렀으니, 이는 임제종의 연원이다. 그대는 반드시 정맥을 가려서 종안이 분명할 것이므로 이렇게 누누이 말하는 것이니, 뒷날 이 노승의 말을 저버리지 말라. 만일에 노승의 말을 저버리면 반드시

부처님과 조사의 깊은 은혜를 저버리는 것이 될 것이니, 자세히 살피고 자세히 살펴야 한다.

○ 이 『선교결』은 서산 만년의 명저라고 일컬어지고 있다. 위의 글과 같이 선(禪)·교(敎)가 엄연히 구별되어 있으므로, 선교일치(禪敎一致) 운운하면서 혼동하지 말 것이며, 말세의 낮은 근기라고 하여 원돈사구·지해의 병으로 그릇 들어가게 하지 말고 오직 종문정전(宗門正傳, 선종의 법을 바로 전함)의 활구를 내세워야 한다.

선문의 가장 큰 병은 원돈지해에서 오는 점수사상이니, 오직 육조의 '유전돈법(唯傳頓法, 오직 돈법만을 전함)'의 유법(遺法)을 지켜서 참구하는 화두(所參話頭)에 마음과 힘을 다할 것이며, 공부하는 가운데 나타나는 경계와 지해(知解)에 병들지 말고 오매일여(寤寐一如, 자나깨나 한결같음)와 내외명철(內外明徹, 안팎이 사무쳐 밝음)을 참으로 깨달음으로써 불성을 밝게 보아 본분납승(本分衲僧)으로서 불조(佛祖, 부처님과 조사)의 정법을 계승하기 바란다.

찾아보기

【 ㄱ 】

견성시공 138
경절문 211
계정혜 49
공봉 74
광망 42
교가 14 29 36 45 49 130 208
구경묘각 20 23 24 104
구경무념 44
규봉 45 208
극심심처 24
기신론의기 130

【 ㄴ 】

내외명철 14 21 22 23 24 25
　　　　26 29 34 35 36 39 44
　　　　45 50 53 60 103 104
　　　　129 144 214

능엄경 23

【 ㄷ 】

당래원만보신불 99
대승돈교 134
대승사본 36 60 165
대업왕생 53 54
대적광삼매 48
도제 199 200 201
돈견본성 31 129
돈교 28 29 30 39 131 141
　　　147 150 194
돈교법 29 150 153 188
돈법 27 28 30 34 45 54 83
　　　84 129 141 150
돈오견성 36 37 45 93 165
돈오교법 29 30 134
돈오교시 29
돈오돈수 34 150 159

돈오법 27 29
돈오법문 28
돈오보리 31
돈증 56
동견동행 134
동용삼십육대 171
동정일여 50
등각 20 53 94 176
등지 51 96

무상삼귀의계 110
무상위체 38
무상참회 108
무생 51
무생서방 52
무애연기 209
무주무위본 38
무주위본 38
미타면목 54

【 ㅁ 】

만법진통 44
멱자견 59 195
몽중일여 50
묘각견성 60
묘각무념 39
묘각불지 29
묘각정토 53
묘각해탈 129
무념무종 38
무념위종 38 39 60 94
무념행 25 26 129
무상무체 38

【 ㅂ 】

반야삼매 24 25 26 35 45 121
          123 128 129
방거사 54
방수불행 165
범부 19 76 111 118 169
법신불 14 23 24 25 26 60
변전돈법 83
보리반야 86
보살계경 16
보조 41 207 208 209 212
     213
본분납승 50 214

본분납자 54
불오염 44 56
불지무념 44 56 94 129
불지성불 48
불지위 44

【 ㅅ 】

사승법 166 167
사지 37
삼과법문 171
삼독 49 118 134 143 144
삼신 37 99
삼신불 99 106
삼현 29 34
상수불행 165
상적광토 23
색신 99 100 103 142 174
선교결 214
선교석 207 212
선정겸수 54
성중자견 195
수행불행 165
수행점차 47

식심 18 25 26 34 129
식심견성 14 15 16 20 29 32
　　　　 36 44 45 60 104 123
신수 70 72 73 74 75 76 78
　　　 83 154 155 156 158
신회 168 169 171 179 186
실지정토 53
심지 24
십성 29 34
십지 20 94 125 129 130
쌍등 51
쌍수 50 51

【 ㅇ 】

양기정전 50
업식종자 109
여실언교 209
열반경 47
영가증도가 68
영락경 23
오달 17 31
오도전법 27
오매일여 24 49 50

오인돈수 32 37 60 93 94
오조 인 31
오즉불 119
오즉시불 125
오진 200 201
오후수행불행 60
오후점수 14 36 94
원교묘각 104
원교불상 23 104
원돈사구 209 214
원수 56
원수불행 165
원오 49
유념 94
유돈무점 31
유마경 16 40 93 97
유전돈법 27 37 45 214
육조단경제본집성 13
육조선 34
육진 25 26 129 171 172
의발 19 28
일대사인연 162
일불승 162
일월성신 22 101 114

일초직입여래지 68
일행삼매 88

【 ㅈ 】

자성돈수 60 159
자성삼매 47 49
자성자오 54
자성진불송 60
자성청정 16
자재보살 24
적조 48
적조쌍류 51
점문 34 48
점법 84
점수사상 14 36 45 49 56 214
점차수증 56
정등각 176
정오정각 20
정혜각별 49
정혜등등 48 49 51
정혜등지 47 48 89
정혜쌍수 50
정혜위본 89

정혜체일 46
제불경계 44
제불정토 53 54
종문 49 36 104
종문법통 189
종문정전 214
종보본 33 36
즉리양변 176
직료성불 31 68
진가동정게 179
진귀조사설 209
진로 40 41 98 118 119 123 143
진여본성 41
진여정념 40 41
진여혜광 48

초동목수 83
최상승 166 167 169
최상승법 49 118 121 127
최상최존 119 134

【 ㅌ 】

태고 50

【 ㅎ 】

하택 45 208
함장식 172
행주좌와 89
화엄소 207
확연명철 23
환주장엄 53

【 ㅊ 】

차제점수 45
참청기연 51
참청기연편 37
천태사교의원교장 23
청정법신불 21 23 25 99

院內從衆見解作此偈甚嗟惠能却入碓坊五祖
忽見惠能但即善知識大衆怨衆人知五祖乃謂衆人
曰此亦未得了五祖夜知三更喚惠能堂內說金剛經
惠能一聞言下便悟其夜受法人盡不知便傳頓教
及衣以為六代祖衣將為信稟代
傳心當令自悟汝去

惠能大師喚言諸善知識菩提般若之智世人本自有之
只緣心迷不能自悟須假大善知識示道見性善知識
愚人智人佛性本亦無差別只緣迷悟迷即為愚悟即
成智

一切經書及諸文字小大二乘十二部經皆因人置因
智惠性故故然能建立我若無世人一切萬法本元不有
故知萬法本從人與一切經書因人說有緣在人中有
愚有智愚為小人智為大人迷人問於智者智人與愚
人說法令使愚者悟解心開愚人若悟解心開與大智
人無別故知不悟即佛是衆生一念若悟即衆生是佛
故知一切萬法盡在自身心中何不從於自心頓見真
如本性菩薩戒經云我本願自性清淨識心見性自成
佛道即時豁然還得本心

善知識我於忍和尚處一聞言下大悟頓見真如本性
是故將此教法流行後代令學道者頓悟菩提各自觀
心令自本性頓悟若不能自悟者須覓大善知識示道
見性何名大善知識解最上乘法直示正路是大善知
識是大因緣所為化道令得見佛一切善法皆因大善
知識能發起故三世諸佛十二部經云在人性中本自
具有不能自悟須得善知識示道見性若自悟者不假
外善知識若取外求善知識望得解脫無有是處識自
心內善知識即得解脫若自心邪迷妄念顛倒外善知
識即有教授汝若不得自悟當起般若觀照刹那間妄
念俱滅即是自真正善知識一悟即知佛也自性心地
以智惠觀照內外明徹識自本心若識本心即是解脫
既得解脫即是般若三昧悟般若三昧即是無念何名
無念無念法者見一切法不著一切法遍一切處不著
一切處常淨自性使六賊從六門走出於六塵中不離
不染來去自由即是般若三昧自在解脫名無念行莫
百物不思當令念絕即是法縛即名邊見悟無念法者
萬法盡通悟無念法者見諸佛境界悟無念頓法者至
佛位地

善知識後代得吾法者常見吾法身不離汝左右善知
識將此頓教法於同見同行發願受持如事佛故終身
受持而不退者欲入聖位然須縛受如是口傳此法如
上遞相傳授勿妄付若不同見解無有志願在在處處
勿妄宣傳損彼前人究竟無益若遇人不解謾此法門
百劫萬劫千生斷佛種性

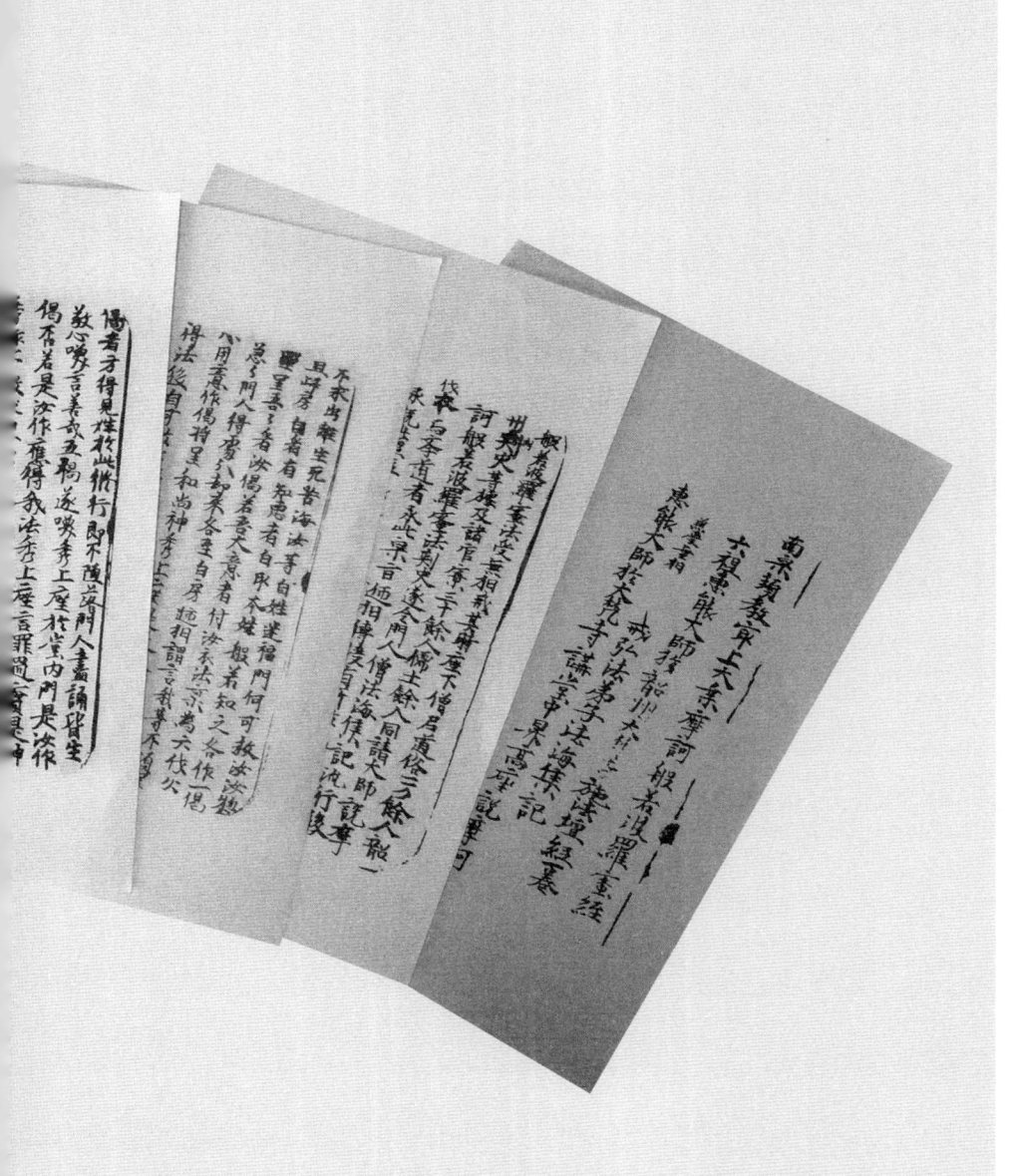

• 돈황본 육조단경 영인본
(대영박물관 소장; 스타인 5475호)

성철스님의
돈황본 육조단경

초판인쇄 1988년 2월 15일
개정 1쇄 2015년 3월 18일
개정 8쇄 2025년 3월 10일

지은이 퇴옹성철
발행인 여무의(원택)
발행처 도서출판 장경각

등록번호 합천 제1호
등록일자 1987년 11월 30일

본   사 경남 합천군 가야면 해인사길 118-116 해인사 백련암
서울사무소 서울시 종로구 삼봉로 81
          (수송동, 두산위브파빌리온) 1232호
전   화 (02)2198-5372
홈페이지 www.sungchol.org

ⓒ 2015, 장경각
ISBN 978-89-93904-13-0 03220

값 15,000원

※이 책에 실린 내용은 무단으로 복제하거나 전재할 수 없습니다.
※잘못된 책은 교환해 드립니다.